Impressum
Verlag: BABADADA GmbH, Nedderfeld 112 , 22529 Hamburg
Geschäftsführer / Verlagsleitung: Harald Hof
Druck: Books on Demand GmbH, In de Tarpen 42, 22848 Norderstedt

Imprint
Publisher: BABADADA GmbH, Nedderfeld 112 , 22529 Hamburg, Germany
Managing Director / Publishing direction: Harald Hof
Print: Books on Demand GmbH, In de Tarpen 42, 22848 Norderstedt

學校

ကျောင်း

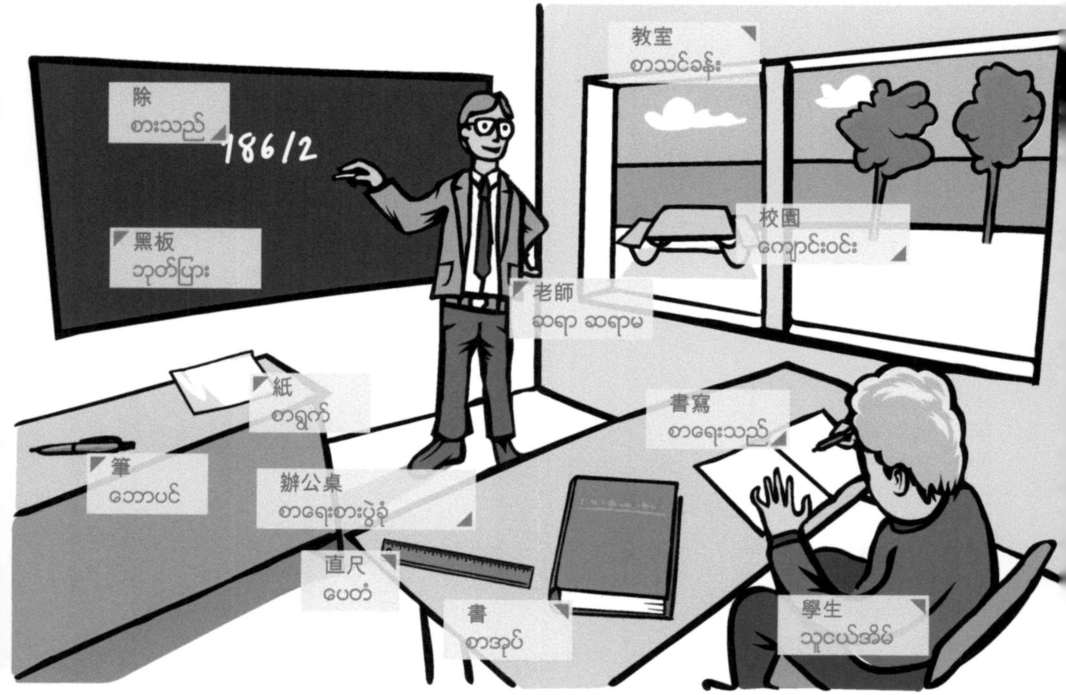

教室
စာသင်ခန်း
除
စားသည်
186/2
黑板
ဘုတ်ပြား
校園
ကျောင်းဝင်း
老師
ဆရာ ဆရာမ
紙
စာရွက်
書寫
စာရေးသည်
筆
ဘောပင်
辦公桌
စာရေးစားပွဲခုံ
直尺
ပေတံ
書
စာအုပ်
學生
သူငယ်အိမ်

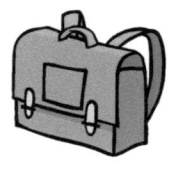

書包

အဖုံးပါ ဘေးလွယ်အိတ်

鉛筆盒

ခဲတံဗူး

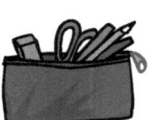

鉛筆

ခဲတံ

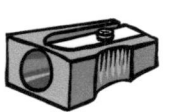

削鉛筆機

ချွန်စက်

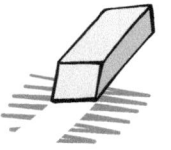

橡皮擦

ခဲဖျက်

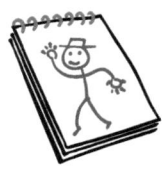

畫板

ပုံဆွဲစာအုပ်

圖畫

ပုံဆွဲခြင်း

畫筆

ဆေးခြယ်သည့် စုပ်တံ

顏料盒

အရောင်စုံ ပုံး

剪刀

ကပ်ကြေး

膠水

ကော်

練習冊

လေ့ကျင့်ခန်းစာအုပ်

家庭作業

အိမ်စာ

12

數字

နံပါတ်

2+2

加

ပေါင်းသည်

5-2

減

နုတ်သည်

2×2

乘

မြှောက်သည်

計算

တွက်ပါ

A

字母

စာ

ABCDEFG HIJKLMN OPQRSTU VWXYZ

字母表

အက္ခရာ

hello

字

စကားလုံး

課文

ဖတ်စာအုပ်

讀

ဖတ်သည်

粉筆

မြေဖြူ

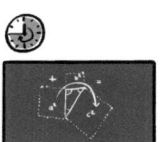

上課

သခန်းစာ

登記

ကျောင်းခေါ် ချိန်
မှတ်တမ်းစာအုပ်

考試

စာမေးပွဲ

證書

အထောက်အထားလက်မှတ်

校服

ကျောင်းဝတ်စုံ

教育

ပညာရေး

百科全書

စွယ်စုံကျမ်း

大學

တက္ကသိုလ်

顯微鏡

အနက ကြည့်မှန်ပြောင်း

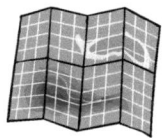

地圖

မြေပုံ

廢紙簍

အမှိုက်စက္ကူပုံး

旅行
ခရီးသွားသည်

飯店
ဟိုတယ်
Grand
青年旅社
ဘော်ဒါဆောင်
ROOMS
CHANGE
外幣兌換處
ငွေလဲဌာန
手提箱
ခရီးဆောင်အိတ်
汽車
ကား

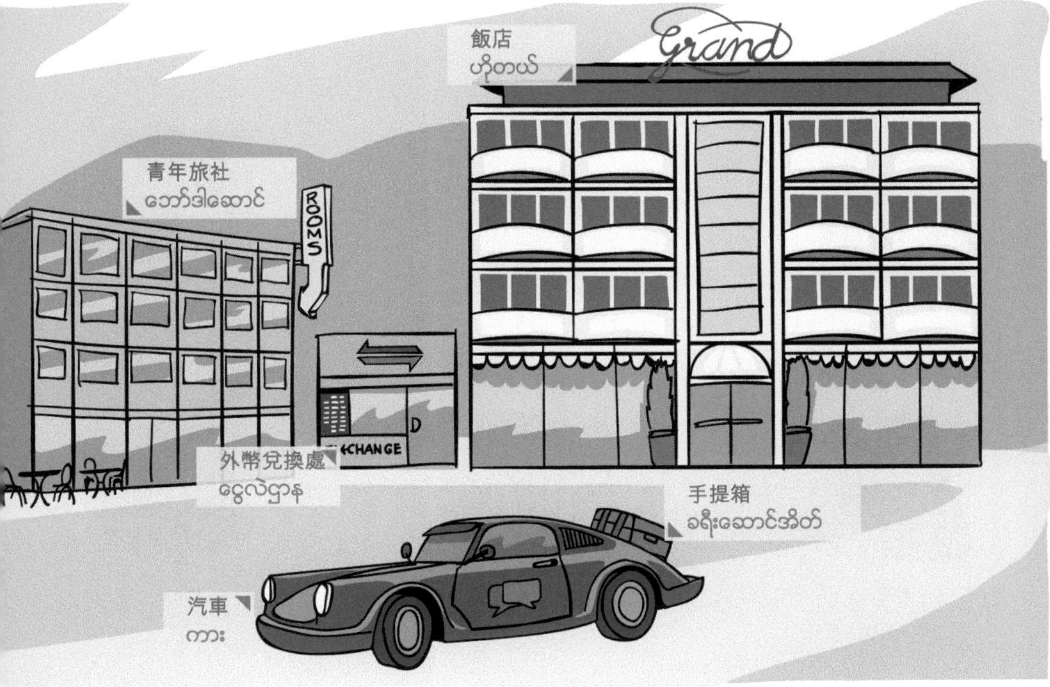

語言
ဘာသာစကား

是/否
မှန် / မှား

好的
အိုကေ

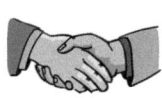

您好
ဟယ်လို

翻譯人員
ဘာသာပြန်

謝謝
ကျေးဇူးတင်ပါတယ်

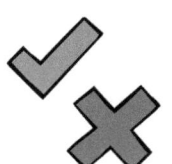

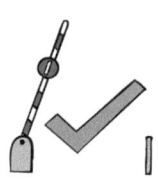

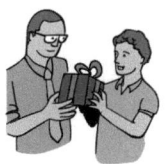

......多少錢？

......က ဘယ်လောက်လဲ။

我不明白

ကျွန်ုပ် နားမလည်ဘူး

問題

ပြဿနာ

晚上好！

မင်္ဂလာ ညနေခင်းပါ။

早上好！

မင်္ဂလာ နံနက်ခင်းပါ။

晚安！

မင်္ဂလာ ညပါ။

再見

ဘိုင်းဘိုင်

方向

ဦးတည်ရာ

行李

ခရီးဆောင်သေတ္တာ

包

အိတ်

背包

ကျောပိုးအိတ်

客人

ဧည့်သည်

房間

အခန်း

睡袋

တစ်ကိုယ်စာအိပ်ယာလိပ်

帳篷

ရွက်ထည်တဲ

旅行資訊
ခရီးသွားဧည့်သည်အတွက်
သတင်းအချက်အလက်

海灘
ကမ်းခြေ

信用卡
အကြွေးဝယ်ကတ်

早餐
နံနက်စာ

午餐
နေ့လည်စာ

晚餐
ညစာ

票
လက်မှတ်

電梯
ဓာတ်လှေကား

郵票
တံဆိပ်ခေါင်း

邊界
နယ်စပ်

海關
အခွန်များ

大使館
သံရုံး

簽證
ဗီဇာ

護照
နိုင်ငံကူးလက်မှတ်

交通運送
သယ်ယူပို့ဆောင်ရေး

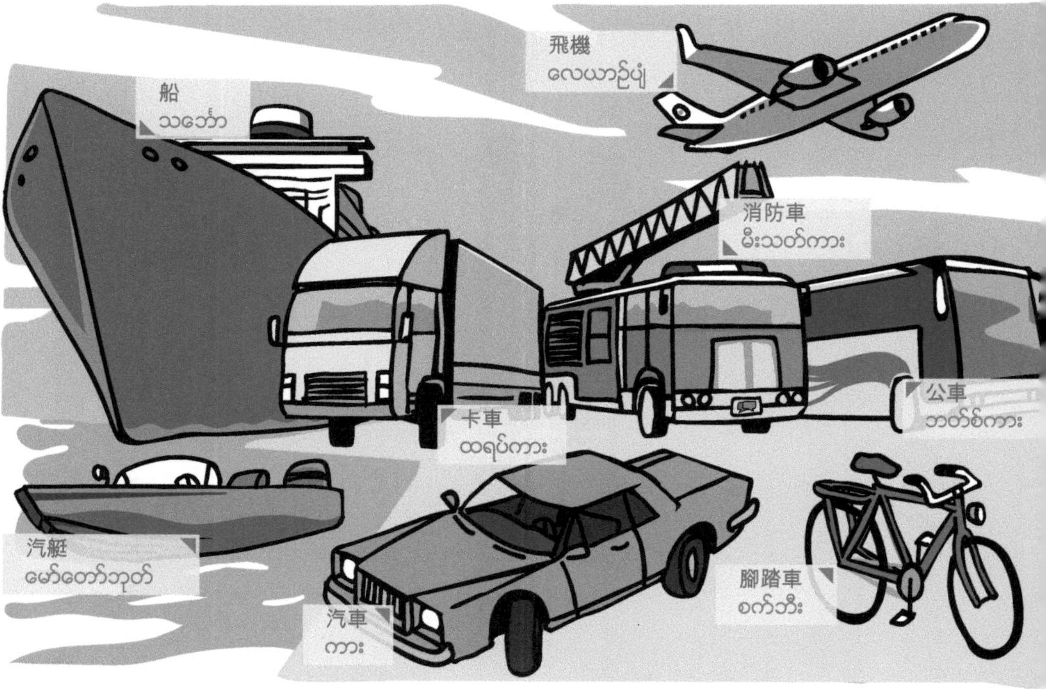

飛機
လေယာဉ်ပျံ
船
သင်္ဘော
消防車
မီးသတ်ကား
公車
ဘတ်စ်ကား
卡車
ထရပ်ကား
汽艇
မော်တော်ဘုတ်
腳踏車
စက်ဘီး
汽車
ကား

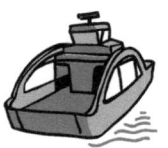

渡輪

ဖယ်ရီသင်္ဘော

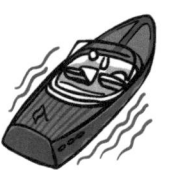

小船

လှေ

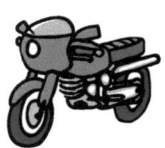

機車

မော်တော်ဆိုက်ကယ်

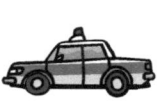

警車

ရဲကား

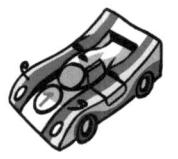

賽車

ပြိုင်ကား

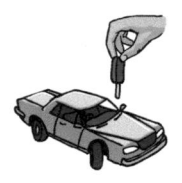

租車

စင်းလုံးငှားကား

拼車
ကားဝေမျှသုံးစွဲခြင်း

拖車
ပျက်နေသော ထရပ်ကား

垃圾車
အမှိုက်သယ်ယာဉ်

馬達
မော်တာ

汽油
လောင်စာ

加油站
ဓာတ်ဆီဆိုင်

交通標識
လမ်းကြောပြ ဆိုင်းဘုတ်

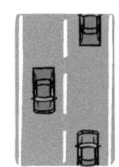

交通
ယာဉ်အသွားအလာ

交通堵塞
လမ်းကြောပိတ်ဆို့မှု

停車場
ကားရပ်နားရာနေရာ

火車站
ရထားဘူတာရုံ

軌道
လမ်းကြောင်းများ

火車
ရထား

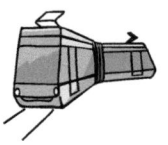

路面電車
ဓာတ်ရထား

客車廂
ရထားလုံး

直升機

ဟယ်လီကော်ပီတာ

機場

လေဆိပ်

塔

တာဝါ

乘客

ခရီးသည်

集裝箱

ထည့်စရာပုံး

紙板箱

ကတ်ထူပုံး

手推車

လှည်း

籃子

ခြင်း

起飛/降落

ထွက်ခွာ / ဆိုက်ရောက်

城市
မြို့တော်

村莊

ကျေးရွာ

市中心

မြို့လယ်ခေါင်

房子

အိမ်

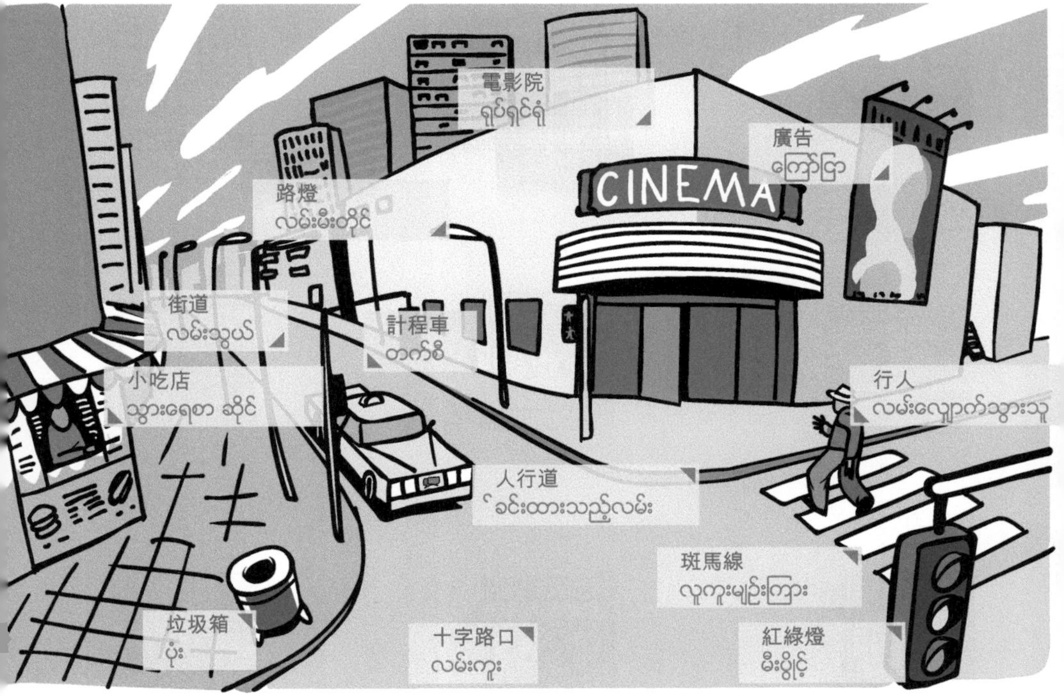
電影院
ရုပ်ရှင်ရုံ
CINEMA
廣告
ကြော်ငြာ
路燈
လမ်းမီးတိုင်
街道
လမ်းသွယ်
計程車
တက်စီ
小吃店
သွားရေစာ ဆိုင်
行人
လမ်းလျှောက်သွားသူ
人行道
ခင်းထားသည့်လမ်း
斑馬線
လူကူးမျဉ်းကြား
垃圾箱
ပုံး
十字路口
လမ်းကူး
紅綠燈
မီးပွိုင့်

小屋

တဲအိမ်

公寓

နေအိမ်ခန်း

火車站

ရထားဘူတာရုံ

市政廳

မြို့တော်ခန်းမ

MUSEUM

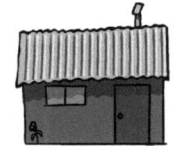

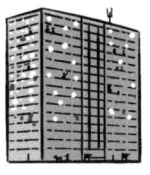

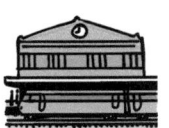

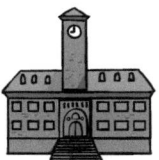

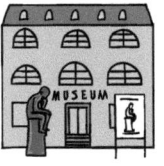

博物館

ပြတိုက်

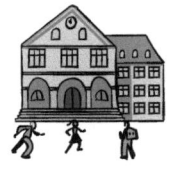

學校

ကျောင်း

大學

တက္ကသိုလ်

銀行

ဘဏ်

醫院

ဆေးရုံ

飯店

ဟိုတယ်

藥房

ဆေးဆိုင်

辦公室

ရုံးခန်း

書店

စာအုပ်ဆိုင်

商店

ဆိုင်

花店

ပန်းရောင်းသူ၏

超市

စူပါမားကက်

市場

ဈေး

百貨商店

ပစ္စည်းမျိုးစုံရောင်းသည့်
စတိုးဆိုင်ကြီး

魚店

ငါးရောင်းသူ၏

購物中心

ဈေးဝယ်စင်တာ

海港

သင်္ဘောဆိပ်

公園
အနားယူသူပန်းခြံ

長凳
ထိုင်ခုံတန်း

橋
တံတား

樓梯
လှေကားထစ်များ

捷運
မြေအောက်

隧道
ဥမင်လှိုင်ခေါင်း

公車站
ဘတ်စ်ကားမှတ်တိုင်

酒吧
ဘား

餐館
စားသောက်ဆိုင်

郵筒
စာတိုက်သေတ္တာ

路標
လမ်းဆိုင်းဘုတ်

停車計時器
ကားရပ်နားခ ကောက်ခံသည့်
မီတာ

動物園
တိရိစ္ဆာန်ရုံ

游泳池
ရေကူးကန်

清真寺
ဗလီ

農場
လယ်ယာ

污染
ညစ်ညမ်းမှု

墓地
သင်္ချိုင်းကုန်း

教堂
ဘုရားရှိခိုးကျောင်း

操場
ကစားကွင်း

寺廟
ဘုရားကျောင်း

地形
ရှုခင်း

樹葉
သစ်ရွက်

指示牌
ဆိုင်းဘုတ်

路
လမ်း

草地
မြက်ခင်း

石頭
ကျောက်တုံး

樹
သစ်ပင်

徒步旅行者
တောင်တက်သမား

河
မြစ်

草
မြက်

花
ပန်း

峽谷

တောင်ကြား

丘陵

တောင်ကုန်း

湖

ရေကန်

森林

သစ်တော

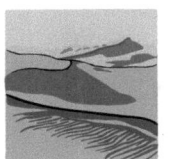

沙漠

သဲကန္တာရ

火山

မီးတောင်

城堡

ရဲတိုက်

彩虹

သက်တန့်

蘑菇

မှို

棕櫚樹

ထန်းပင်

蚊子

ခြင်

蒼蠅

ပျံသန်းသည်

螞蟻

ပုရွက်ဆိတ်

蜜蜂

ပျား

蜘蛛

ပင့်ကူ

甲蟲

ပိုးတောင်မာ

青蛙

ဖား

松鼠

ရှဉ့်

刺蝟

ဖြူကောင်

野兔

ယုန်

貓頭鷹

ဇီးကွက်

鳥

ငှက်

天鵝

ငန်း

野豬

တောဝက်

鹿

သမင်

麋鹿

ချိုပြားဒရယ်

水壩

ဆည်

風力發電機

လေအားသုံး
လျှပ်စစ်ဓာတ်အားပေးစက်

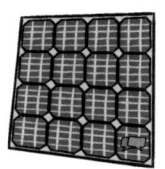

太陽能電池板

နေရောင်ခြည်ခံပြား

氣候

ရာသီဥတု

餐館
စားသောက်ဆိုင်

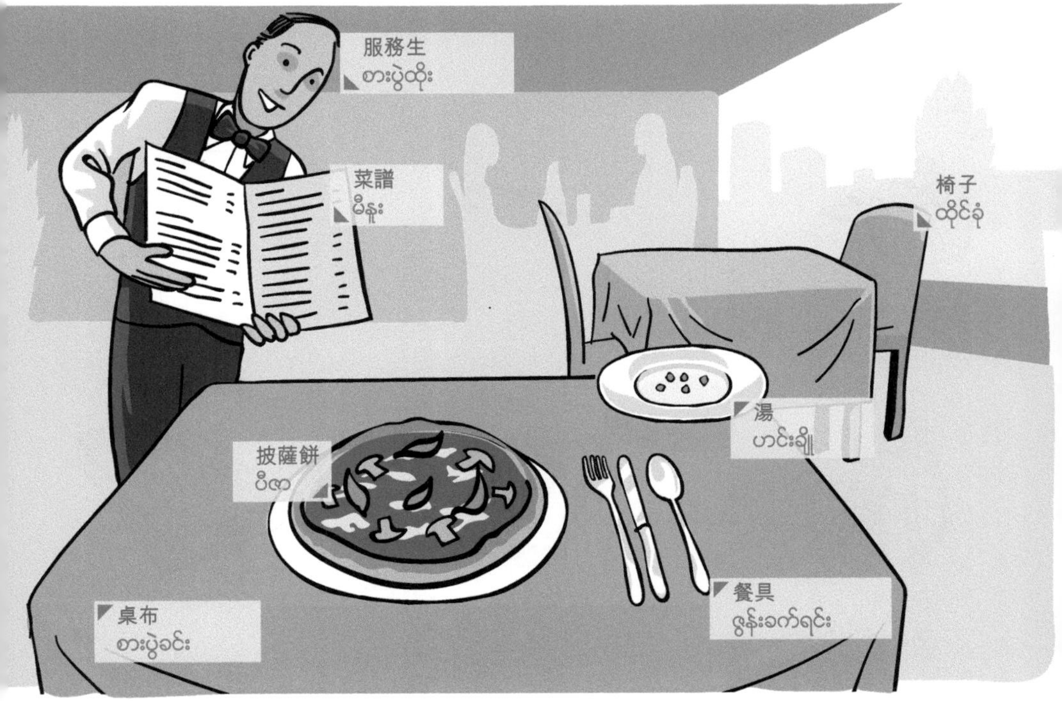
服務生
စားပွဲထိုး
菜譜
မီနူး
椅子
ထိုင်ခုံ
湯
ဟင်းချို
披薩餅
ပီဇာ
餐具
ဇွန်းခက်ရင်း
桌布
စားပွဲခင်း

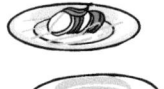

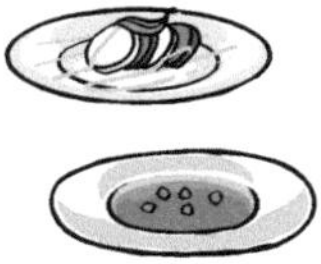

前菜

ပထမဆုံး စားသည့် အစာ

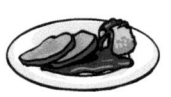

主菜

ပင်မ အစာ

甜點

အချိုပွဲ

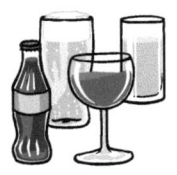

飲料

သောက်စရာများ

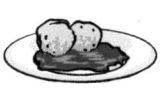

食物

အစားအစာ

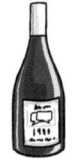

瓶子

ပုလင်း

速食
အသင့်ပြင်ပြီးသား အစားအစာ

街邊小吃
လမ်းဘေးအစားအစာ

茶壺
လက်ဖက်ရည်အိုး သို့မဟုတ်
ရေနွေးကြမ်းအိုး

糖盒
သကြားအိုး

一份飯菜
တစ်ယောက်စာ

義式咖啡機
အက်စ်ပရက်ဆို ကော်ဖီစက်

高腳椅
ထိုင်ခုံအမြင့်

帳單
ငွေတောင်းခံလွှာ

托盤
ပန်း

刀
ဓါး

餐叉
ခက်ရင်း

勺子
ဇွန်း

茶匙
လက်ဖက်ရည်ဇွန်း

餐巾
လက်သုတ်ပုဝါ

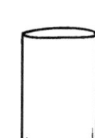

玻璃杯
ရေသောက်ဖန်ခွက်

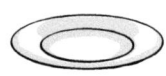

碟子

ပန်းကန်ပြား

湯盤

ဟင်းချိုပန်းကန်ပြား

碟子

ပန်းကန်ပြား

醬

ဆော့စ်

鹽瓶

ဆားအိုး

胡椒研磨罐

ငရုတ်ကောင်း ချေစက်

醋

ရှာလကာရည်

食用油

ဆီ

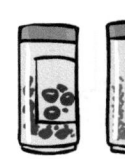

調味料

ဟင်းခတ်အမွှေးအကြိုင်

番茄醬

ခရမ်းချဉ်သီးဆော့စ်

芥末

မုန်ညင်းဆီဆော့စ်

美乃滋

မယိုးနိစ်

超市
စူပါမားကတ်

特價
အထူးကမ်းလှမ်းချက်
FOR
顧客
ဖောက်သည် သို့မဟုတ် ဈေးဝယ်သူ
乳製品
နို့ထွက်ပစ္စည်း
水果
သစ်သီး
購物車
ထရော်လီလှည်း

BUTCHERS

肉鋪

သားသတ်သမား၏

BAKERY

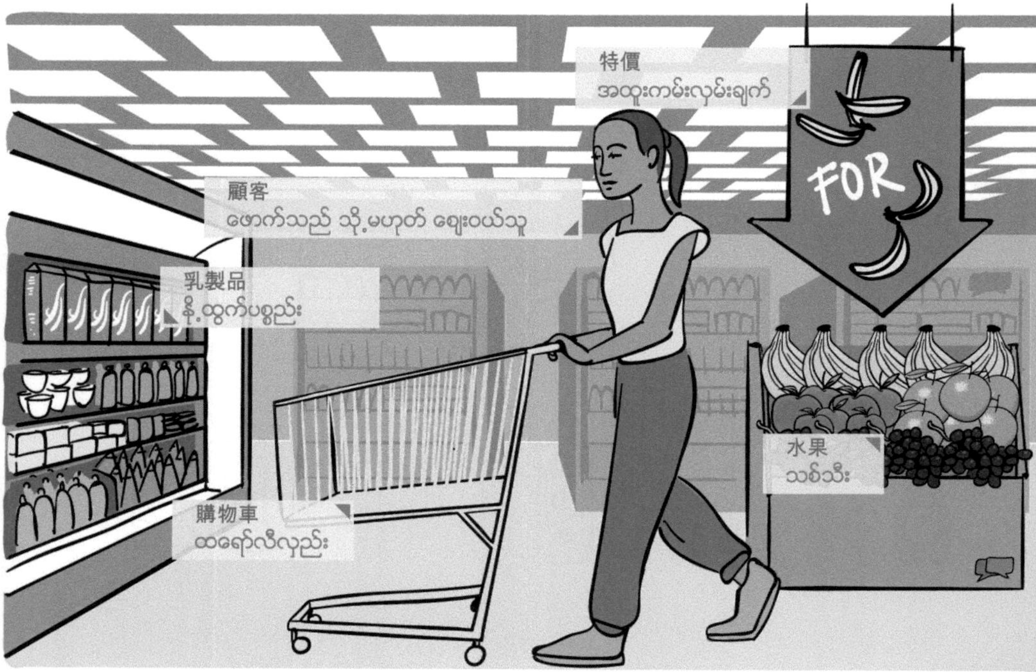

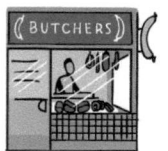

麵包店

မုန့်ဖုတ်သမား၏

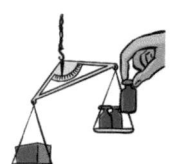

稱重

အလေးချိန်သည်

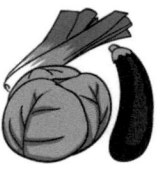

蔬菜

ဟင်းသီးဟင်းရွက်

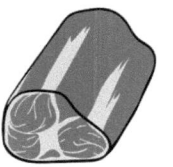

肉

အသား

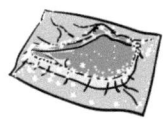

冷凍食品

အေးခဲထားသည့် အစားအစာ

冷盤

ဠင်ဆင်ထားသော အသားအေး

罐頭食品

သံဗူးသွပ် အစားအစာ

洗衣粉

ဆပ်ပြာမှုန့်

甜食

သကြားလုံးများ

日用品

အိမ်သုံး ပစ္စည်းများ

清潔用品

သန့်ရှင်းရေး ပစ္စည်းများ

銷售員

ဈေးရောင်းသူ

收銀機

အထိ

收銀員

ငွေကိုင်

購物清單

ဈေးဝယ်စာရင်း

開放時間

ဖွင့်ချိန်နာရီများ

錢包

အိတ်ဆောင် ပိုက်ဆံအိတ်

信用卡

အကြွေးဝယ်ကတ်

袋子

အိတ်

塑膠袋

ပလတ်စတစ်အိတ်

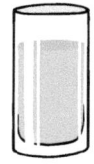

水

ရေ

果汁

သစ်သီးဖျော်ရည်

牛奶

နွားနို့

可樂

ကိုကာကိုလာ

紅酒

ဝိုင်

啤酒

ဘီယာ

酒

အရက်

可可

ကိုကိုးမှုန့်

茶

လက်ဖက်ရည် သို့ မဟုတ်
ရေနွေးကြမ်း

咖啡

ကော်ဖီ

義式濃縮咖啡

အက်စ်ပရက်ဆို ကော်ဖီ

卡布奇諾

ကပူချီနိုကော်ဖီ

香蕉

ငှက်ပျောသီး

蘋果

ပန်းသီး

柳丁

လိမ္မော်သီး

西瓜

ဖရဲသီးမျိုးဝင်

檸檬

သံပုရိုသီး

胡蘿蔔

မုန်လာဥနီ

大蒜

ကြက်သွန်ဖြူ

竹子

မျှစ်

洋蔥

ကြက်သွန်နီ

蘑菇

မှို

堅果

ပဲစေ့များ

麵條

ခေါက်ဆွဲ

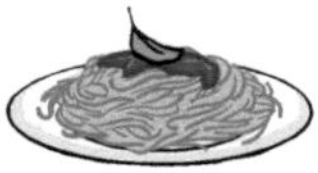

義大利麵

စပါဂတီ ခေါ် အီတလီ ခေါက်ဆွဲ

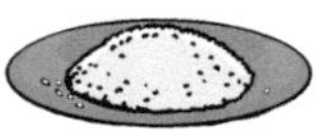

米飯

ထမင်း

沙拉

ဆလပ်ရွက်သုတ်

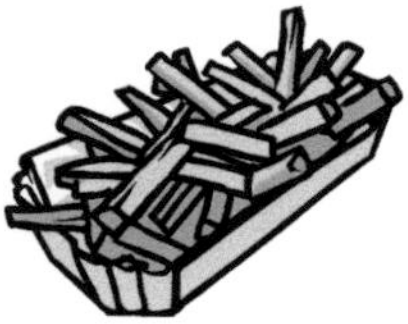

薯條

အကြွပ်ကြော်များ

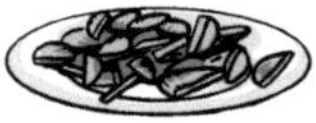

炸馬鈴薯

အာလူးကြော်

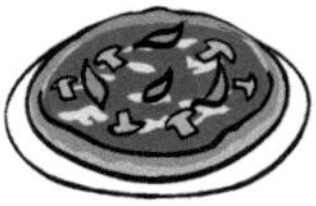

披薩餅

ပီဇာ

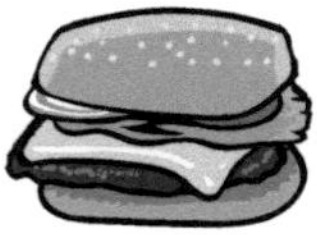

漢堡

ဟမ်ဘာဂါ

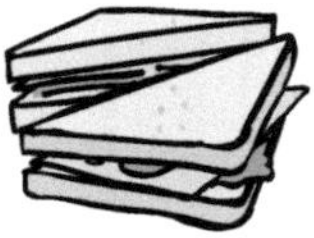

三明治

အသားညှပ်ပေါင်မုန့်

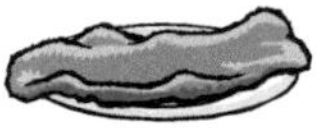

炸豬排

ကတ်တလိပ်

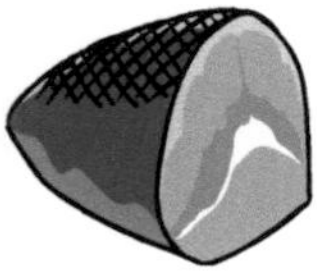

火腿

ဝက်ပေါင်ခြောက်

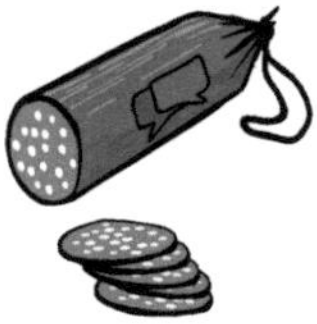

義大利臘腸

ဆလာမီ

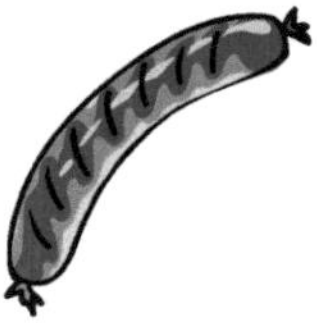

香腸

ဝက်အူချောင်း

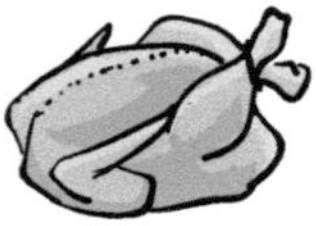

雞肉

ကြက်သား

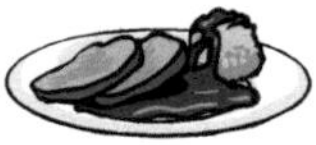

烤肉

ရို့စ်လုပ်ခြင်း

魚

ငါး

燕麥片

ကွေကာအုတ်

木斯里

မျူးစလီ

玉米片

ပြောင်းစေ့ပြား

麵粉

ဂျုံမုန့်

牛角麵包

ခရာဆွန်း ခေါ်
ပြင်သစ်ပေါင်မုန့်တစ်မျိုး

麵包捲

ပေါင်မုန့်လိပ်

麵包

ပေါင်မုန့်

吐司

ပေါင်မုန့်မီးကင်

餅乾

ဘီစကစ်

奶油

ထောပတ်

凝乳

ဒိန်ခဲ

蛋糕

ကိတ်မုန့်

蛋

ဥ

煎蛋

ဥကြော်

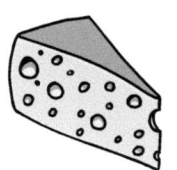

起司

ချိစ်

冰淇淋

ရေခဲမုန့်

糖

သကြား

蜂蜜

ပျားရည်

果醬

ယို

巧克力醬

ယိုသုတ်စားသည့် ချောကလက်

咖哩

ဟင်း

農場
လယ်ယာ

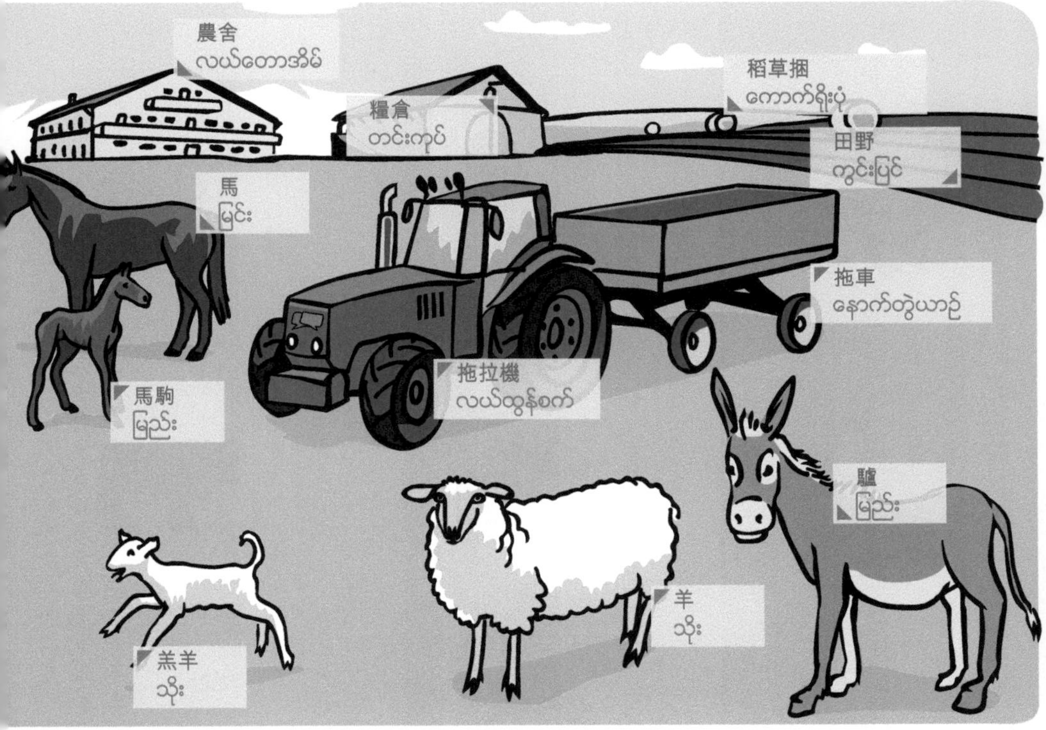
農舍
လယ်တောအိမ်
稻草捆
ကောက်ရိုးပုံ
糧倉
တင်းကုပ်
田野
ကွင်းပြင်
馬
မြင်း
拖車
နောက်တွဲယာဉ်
拖拉機
လယ်ထွန်စက်
馬駒
မြည်း
驢
မြည်း
羊
သိုး
羔羊
သိုး

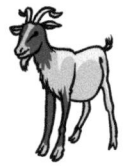

山羊

ဆိတ်

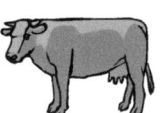

奶牛

နွားမ

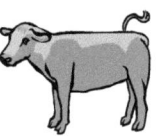

小牛

နွားလေး

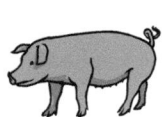

豬

ဝက်

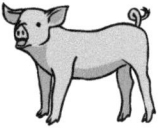

小豬

ဝက်ကလေး

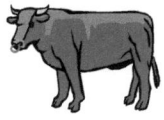

公牛

နွားထီး

鵝

ဘဲငန်း

鴨

ဘဲ

小雞

ကြက်ပေါက်ကလေး

母雞

ကြက်မ

公雞

ကြက်ဖ

鼠

ကြက်

貓

ကြောင်

老鼠

ကြက်ကလေး

牛

နွားထီး

狗

ခွေး

狗屋

ခွေးအိမ်

花園澆水軟管

ပန်းခြံရေပိုက်

澆水壺

ရေလောင်းသည့်ခွက်

長柄大鐮刀

တံစဉ်အပြားကြီး

犁

ထယ်

鐮刀

တံစဉ်

鋤頭

ပေါက်ပြား

長柄草耙

ကောက်ဆွ

斧頭

ပေါက်ချွန်း

獨輪手推車

ဘီးတပ် လက်တွန်းလှည်း

飼料槽

စားခွက်

牛奶罐

နို့ပုံး

麻布袋

အိတ်

柵欄

ခြံစည်းရိုး

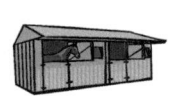

馬廄

မြင်းဇောင်း

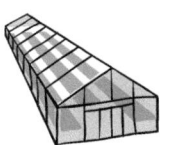

溫室

မှန်လုံအိမ်

土壤

မြေကြီး

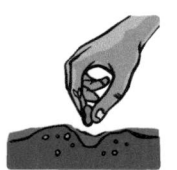

種子

အစေ့

肥料

မြေသြဇာ

聯合收割機

စုပေါင်း ရိတ်သိမ်းသူ

收割
ရိတ်သိမ်းသည်

收割
ရိတ်သိမ်းသည်

地瓜
ပိလောပိန်

小麥
ဂျုံ

大豆
 ်ပဲပုပ်

土豆
အာလူး

玉米
ပြောင်း

油菜籽
နံစားပြောင်းဆီ

果樹
အသီးပင်

樹薯
ပိလောပိန်

穀物
စီရီရယ် ခေါ် နံနက်စာတစ်မျိုး

煙囪
မီးခိုးခေါင်းတိုင်

屋頂
ခေါင်မိုး

落水管
ရေထုတ်ပိုက်

窗戶
ပြတင်းပေါက်

車庫
ကားဂိုဒေါင်

門鈴
လူခေါ်ခေါင်းလောင်း

門
တံခါး

垃圾桶
အမှိုက်ပုံး

信箱
စာတိုက်သေတ္တာ

花園
ပန်းခြံ

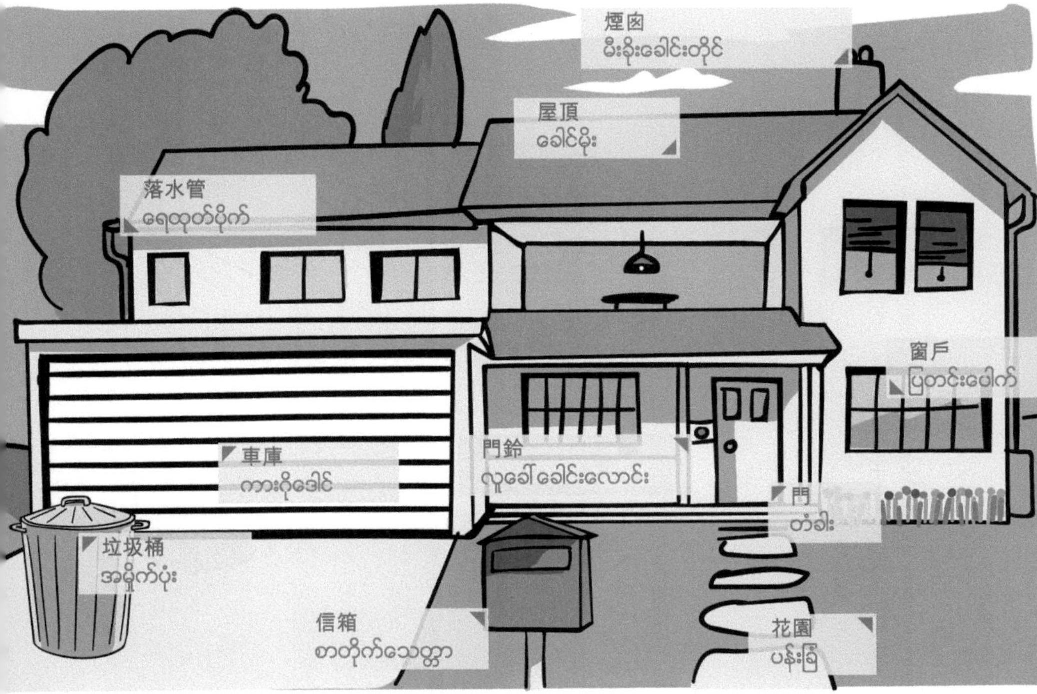

客廳

ဧည့်ခန်း

浴室

ရေချိုးခန်း

廚房

မီးဖိုချောင်

臥室

အိပ်ခန်း

兒童房

ကလေး အခန်း

餐廳

ထမင်းစားခန်း

房子 - အိမ်　　　31

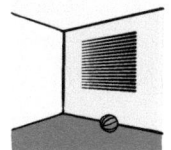

地板
ကြမ်းပြင်

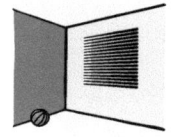

牆壁
နံရံ

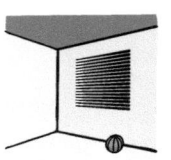

天花板
မျက်နာကြက်

地窖
မြေအောက်ခန်း

三溫暖
ချွေးထုတ်ခန်း

陽臺
ဝရန်တာ

露臺
ဝရန်တာ

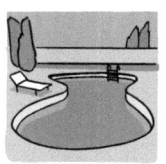

游泳池
ရေကူးကန်

割草機
မြက်ရိတ်စက်

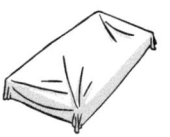

被單
အချပ်

床罩
အိပ်ယာခင်း

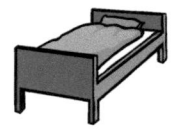

床
အိပ်ယာ

掃帚
တံမြက်စည်း

水桶
ရေပုံး

開關
မီးခလုတ်

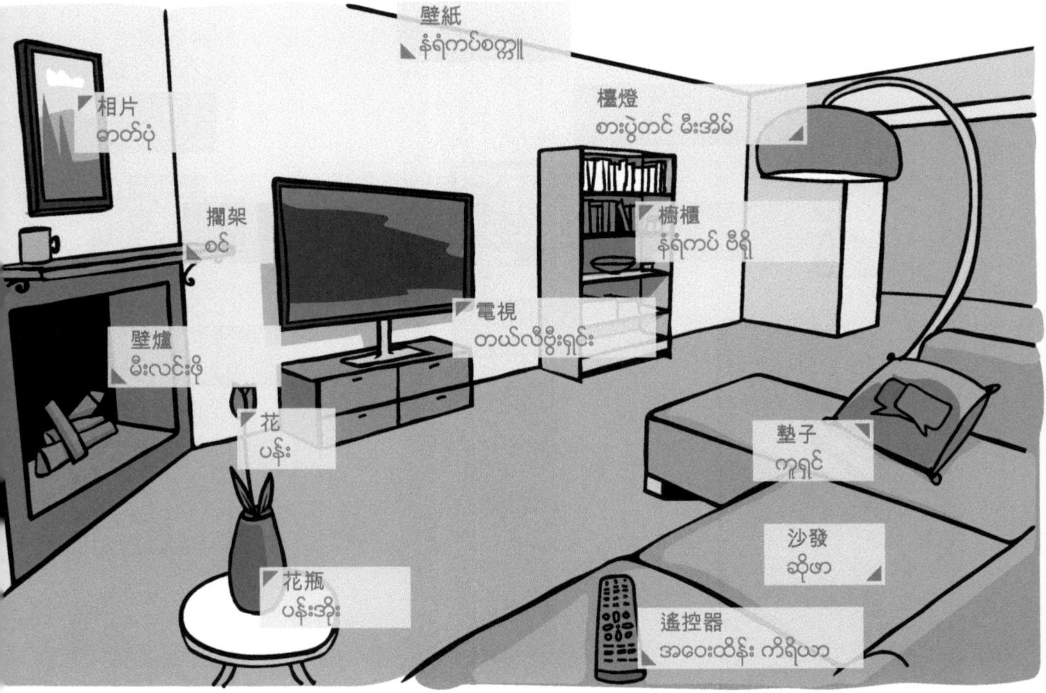

壁紙
▶ နံရံကပ်စက္ကူ

相片
▶ ဓာတ်ပုံ

櫃燈
စားပွဲတင် မီးအိမ်

擱架
▶ စင်

櫥櫃
နံရံကပ် ဗီရို

電視
တယ်လီဗွီးရှင်း

壁爐
မီးလင်းဖို

墊子
ကုရှင်

花
ပန်း

沙發
ဆိုဖာ

花瓶
ပန်းအိုး

遙控器
အဝေးထိန်း ကိရိယာ

地毯

ကော်ဇော

窗簾

ကန့်လန့်ကာ

餐桌

စားပွဲခုံ သို့မဟုတ် ဇယား

椅子

ထိုင်ခုံ

搖椅

ရှေ့နောက် ယိမ်းနိုင်သည့် ထိုင်ခုံ

扶手椅

လက်တင်ထိုင်ခုံ

書

စာအုပ်

毯子

စောင်

裝飾品

အပြင်အဆင်

木柴

ထင်း

電影

ဖလင် သို့မဟုတ် ရုပ်ရှင်

高傳真音響

ဟိုင်ဖိုင် ကိရိယာ

鑰匙

သော့

報紙

သတင်းစာ

油畫

ပန်းချီကား

海報

ပိုစတာ

收音機

ရေဒီယို

筆記本

မှတ်စုစာရွက်အုပ်

吸塵器

ဖုံစုပ်စက်

仙人掌

ရှားစောင်းပင်

蠟燭

ဖယောင်းတိုင်

廚房
မီးဖိုချောင်

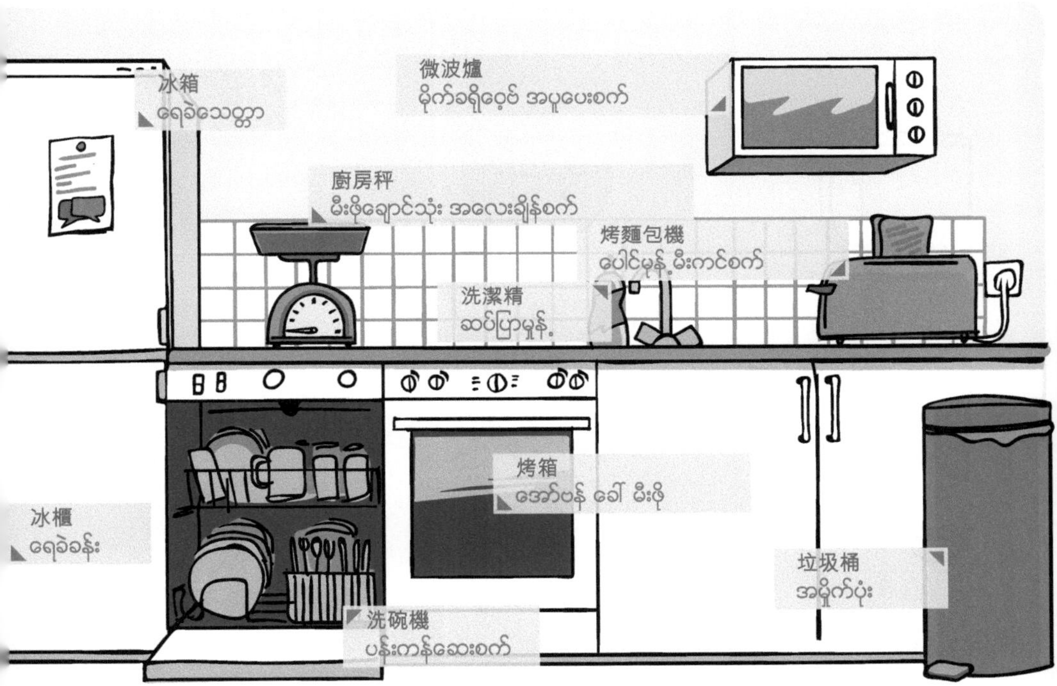

冰箱
ရေခဲသေတ္တာ
微波爐
မိုက်ခရိုဝေ့ဗ် အပူပေးစက်
廚房秤
မီးဖိုချောင်သုံး အလေးချိန်စက်
烤麵包機
ပေါင်မုန့် မီးကင်စက်
洗潔精
ဆပ်ပြာမှုန့်
烤箱
အောဗ်ဖန် ခေါ် မီးဖို
冰櫃
ရေခဲခန်း
垃圾桶
အမှိုက်ပုံး
洗碗機
ပန်းကန်ဆေးစက်

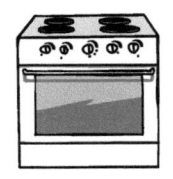

炊具

လျှပ်စစ် ချက်ပြုတ်အိုး

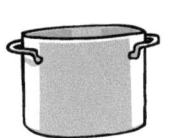

鍋

အိုး

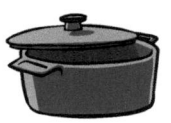

鑄鐵鍋

သံအိုးကြီး

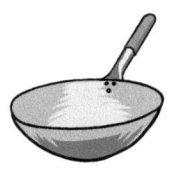

炒鍋

မွှေကြော်သည့် ဒယ်အိုးကြီး / ကာဒိုင်း

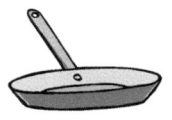

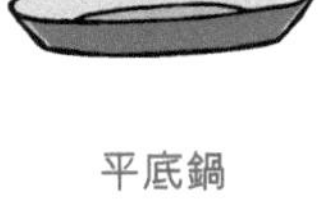

平底鍋

ဒယ်အိုး

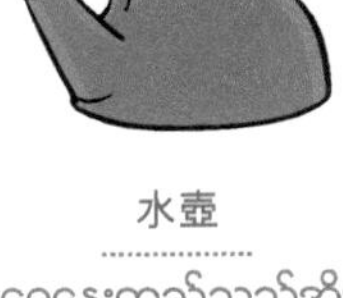

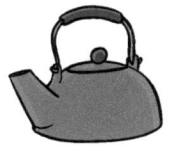

水壺

ရေနွေးတည်သည့်အိုး

蒸鍋

ပေါင်းစက်

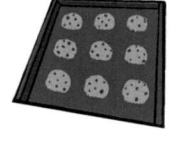

烤盤

မုန့်ဖုတ်သည့် ပန်း

陶瓷鍋

ကြွေပန်းကန်ပြား ခွက်ယောက်

馬克杯

မတ်ခွက်

碗

ဇလုံပန်းကန်

筷子

အစားစားသည့်တူများ

長柄勺

ယောက်ချို

鏟子

မွှေသည့်အတံ

攪拌器

ခေါက်တံ

濾網

စစ်သည့် အရာ

篩子

စကာ

磨碎機

ခြစ်သည့်ကိရိယာ

研缽

ပြုပ်ဆုံ

燒烤

ဘာဘီကျူးကင်

明火

ထင်းမီးဖို

菜板

စင်းနှီးတုံး

擀麵杖

လည်နေသောပင်

開瓶器

ဖော့ဆို့

罐子

သံဗူး

開罐器

သံဗူးဖောက်တံ

隔熱手套

အိုးတင်သည့်အရာ

水槽

ရေဆေးသည့် နေရာ

刷子

စုပ်တံ

海綿

ရေမြှုပ်

攪拌機

မွှေသည့်စက်

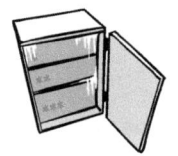

冷藏箱

အေးခဲသည့် ရေခဲခန်း

奶瓶

ကလေးနို့ဗူး

水龍頭

ရေပိုက်ခေါင်း

浴室
ရေချိုးခန်း

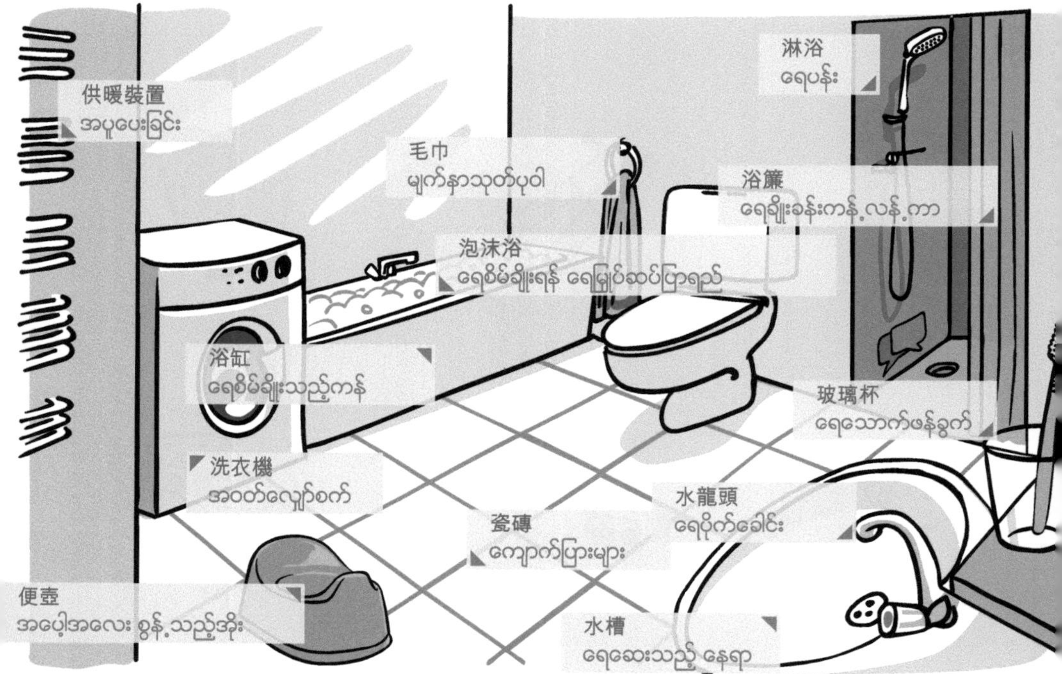
淋浴
ရေပန်း
供暖裝置
အပူပေးခြင်း
毛巾
မျက်နှာသုတ်ပုဝါ
浴簾
ရေချိုးခန်းကန့်လန့်ကာ
泡沫浴
ရေစိမ်ချိုးရန် ရေမြှုပ်ဆပ်ပြာရည်
浴缸
ရေစိမ်ချိုးသည့်ကန်
玻璃杯
ရေသောက်ဖန်ခွက်
洗衣機
အဝတ်လျှော်စက်
水龍頭
ရေပိုက်ခေါင်း
瓷磚
ကျောက်ပြားများ
便壺
အပေါ့အလေး စွန့်သည့်အိုး
水槽
ရေဆေးသည့် နေရာ

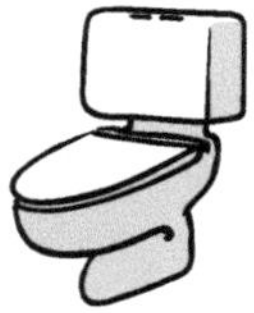

廁所

အိမ်သာ

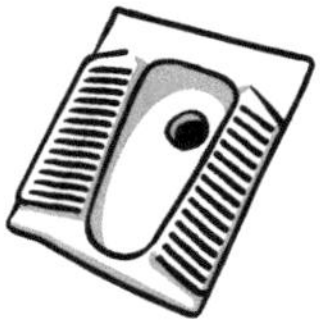

蹲便器

ဆောင့်ကြောင့်ထိုင်ရသည့်
အိမ်သာ

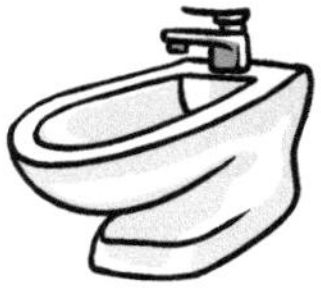

坐浴器

အမျိုးသမီးသုံး
အောက်ပိုင်းဆေးသည့် ကမုတ်

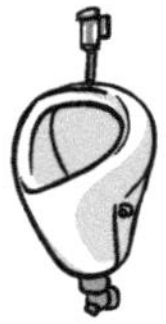

小便斗

အမျိုးသား ဆီးသွားသည့်ကမုတ်

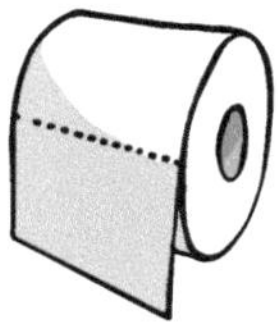

廁紙

အိမ်သာသုံး စက္ကူ

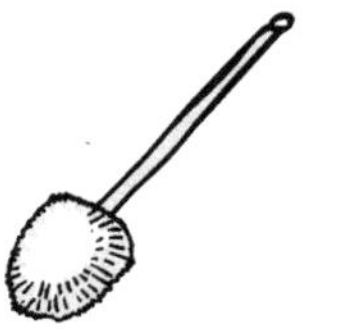

馬桶刷

အိမ်သာတိုက် ဘရပ်ရှ်

牙刷

သွားတိုက်တံ

牙膏

သွားတိုက်ဆေး

牙線

သွား ချေးထုတ်သည့် ကြိုး

洗

ဆေးကြောသည်

手持式蓮蓬頭

လက်ကိုင် ရေပန်း

沖洗器

ရေပန်းဖြင့်ရေချိုးခြင်း

洗臉盆

ရေအင်တုံ

洗背刷

နောက်ကျော ချေးတွန်းသည့်
ဘရပ်ရှ်

肥皂

ဆပ်ပြာ

沐浴露

ရေချိုးဆပ်ပြာရည်

洗髮乳

ခေါင်းလျှော်ရည်

法蘭絨

ဖလန်နယ်စ

排水

ရေထွက်ပေါက်

乳霜

ခရင်မ်

除臭劑

ဒီအော်ဒရန့် ၊ ခေါ်
ကိုယ်လိမ်းအမွှေးနံ့သာ

浴室 - ရေချိုးခန်း

鏡子
မှန်

手鏡
လက်ကိုင်မှန်

刮鬍刀
မုတ်ဆိတ်ရိတ်တံ

刮鬍泡沫
မုတ်ဆိတ်ရိတ်ရန် အမြှုပ်

鬍後水
မုတ်ဆိတ်ရိတ်ပြီး
လိမ်းသည့်အမွှေးနံ့သာ

梳子
ခေါင်းဘီး

刷子
ဘရပ်ရှ်

吹風機
ဆံပင်ခြောက်စက်

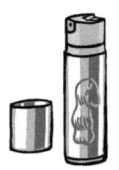

噴髮定型劑
ဆံပင်ဖြန်းဆေး

化妝品
မိတ်ကပ်

唇膏
နှုတ်ခမ်းဆိုးဆေး

指甲油
လက်သည်းဆိုးဆေး

化妝棉
ဝွမ်းလုံး

指甲剪
လက်သည်းညှပ် ကပ်ကြေး

香水
ရေမွှေး

洗漱包

ရေချိုးခန်းသုံး အိတ်

凳子

ခွေးခြေ

計重秤

ကိုယ်အလေးချိန်တိုင်းသည့်စက်

浴袍

ရေချိုးပြီး ဝတ်သည့်ဝတ်ရုံ

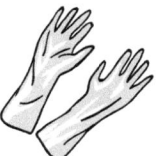

橡膠手套

ရာဘာ လက်အိတ်များ

衛生棉條

တန်ပွန် ခေါ် ဓမ္မတာလာစဉ် မိန်း
မကိုယ်တွင်းထည့်သည့်အရာ

衛生棉

အမျိုးသမီး လစဉ်သုံးပုဝါစ

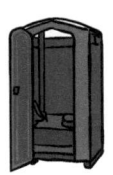

化學廁所

ဓာတုပစ္စည်းထည့်သုံးသည့်
အိမ်သာ

兒童房

ကလေး အခန်း

鬧鐘
နိုးစက်
毛絨玩具
ဖက်အိပ်သည့်အရုပ်
玩具車
အရုပ်ကား
撥浪鼓
ခလောက်
玩具屋
အရုပ်မအိမ်
禮物
လက်ဆောင်

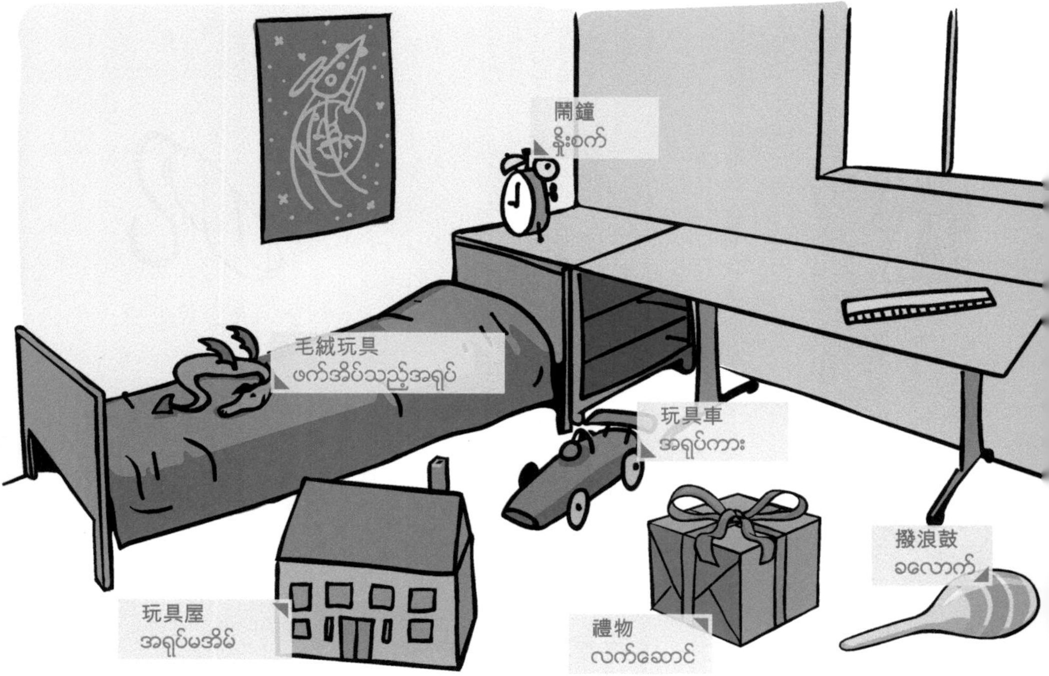

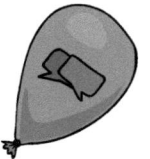

氣球

ပူဖောင်း

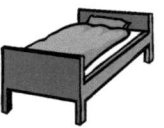

床

အိပ်ယာ

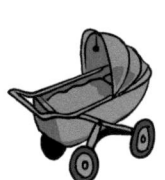

嬰兒車

ကလေးတွန်းလှည်း

撲克牌

ကစားသည့်ကတ်ထုပ်

拼圖

ဂျစ်ဆော ခေါ်
ဆက်၍ကစားသည့်
အပိုင်းအစများ

SUPER MEGA

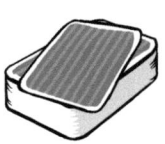

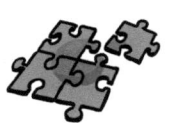

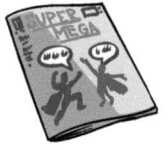

漫畫

ရုပ်ပြစာအုပ်

樂高積木

ဆောက်ရွှေ့ကစားသည့် လေဂို
အတုံးများ

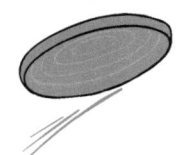

積木玩具

ဆောက်ရွှေ့ကစားသည့်
အတုံးများ

公仔

လှုပ်ရှားလုပ်ကိုင်သူ

嬰兒服

ဘေဘီဝရီး

飛盤

ဖရစ်ဘီး ခေါ် ပစ်ရွှေ့ ကစားသည့်
အပြား

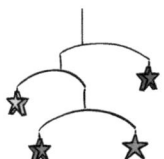

床鈴玩具

ရွှေ့လျားနိုင်သော

棋盤遊戲

ဘုတ်ပြားပေါ် တွင် ကစားနည်း

骰子

အံစာတုံး

火車模型

ကစားစရာ ရထား အစုံမော်ဒယ်

安撫奶嘴

အရုပ်

派對

ပါတီ

繪本

ရုပ်ပြစာအုပ်

球

ဘောလုံး

洋娃娃

အရုပ်မ

玩

ကစားသည်

沙坑
ကစားသည့် သဲပုံ

鞦韆
ဒန်း

玩具
အရုပ်များ

電玩遊戲
ဗွီဒီယိုဂိမ်းကစားသည့် စက်

三輪車
သုံးဘီး စက်ဘီး

泰迪熊
တက်ဒီ ဝက်ဝံရုပ်

衣櫃
အဝတ်ဗီရို

衣服
အဝတ်အစား

襪子
ခြေအိတ်များ

長襪
အမျိုးသမီးဝတ် ခြေအိတ်ရှည်

緊身褲
အမျိုးသမီး ခြေအိတ်အကြပ်

圍巾
ပုဝါ

雨傘
ထီး

皮帶
ခါးပတ်

T恤
တီရှပ်

運動鞋
အားကစားဖိနပ်များ

靴子
ဘွတ်ဖိနပ်များ

拖鞋
ခြေညှပ်ဖိနပ်များ

涼鞋	鞋	雨靴
ခြေစွပ် နောက်ပိတ်ဖိနပ်	ရှူးဖိနပ်များ	ရာဘာ ဘွတ်ဖိနပ်များ
內褲	胸罩	背心
အောက်ခံ အဝတ်များ	ဘရာဇီယာ	အပေါ်ထပ် လက်ပြတ်အကျီ

衣服 - အဝတ်အစား　　　　45

身體
ကိုယ်ခန္ဓာ

褲子
ဘောင်းဘီရှည်

牛仔褲
ဂျင်းဘောင်းဘီ

短裙
စကပ်

女式襯衫
ဘလောက်စ်အကျႃ

襯衫
ရှပ်အကျႃ

套頭衫
ခေါင်းစွပ်အကျႃ

連帽上衣
ခေါင်းစွပ်ပါ အကျႃ

西裝夾克
ဘလေဇာကုတ်အကျႃ

夾克
ဂျက်ကတ်အကျႃ

外套
ကုတ်အကျႃ

雨衣
မိုးကာ ကုတ်အကျႃ

套裝
ဝတ်စုံ

連衣裙
ဂါဝန်

婚紗
လက်ထပ် ဝတ်စုံ

西裝
အနောက်တိုင်းဝတ်စုံပြည့်

睡袍
ညအိပ်အကျႌ

睡衣
ညအိတ်ဝတ်စုံ

莎麗
ဆာရီ

頭巾
ခေါင်းအုပ်ပုဝါ

包頭巾
တာဘန် ခေါ် ခေါင်းပေါင်း

波卡
ဘာကာခေါ်
အမျိုးသမီးခေါင်းအုပ်

卡夫坦
ကုဖ်တန် ခေါ်
အမျိုးသားဝတ်ဘောင်းဘီ

(阿拉伯式)長袍
အာဘယာ ခေါ် မွတ်ဆလင်
အမျိုးသမီးဝတ်အကျႌ

泳衣
ရေကူးဝတ်စုံ

男式泳褲
အဝတ်သေတ္တာ

短褲
ဘောင်းဘီတို

運動服
အားကစားဝတ်စုံ

圍裙
ခါးစည်း အဝတ်

手套
လက်အိတ်များ

鈕扣

ကြယ်သီး

眼鏡

မျက်မှန်

手鏈

လက်ကောက်

項鍊

လည်ဆွဲ

戒指

လက်စွပ်

耳環

နားကပ်

便帽

ခေါင်းဆောင်း ဦးထုပ်

衣架

ကုတ်အကျႌ ချိတ်

帽子

ဦးထုပ်

領帶

နက်တိုင်

拉鍊

ဖစ်

安全帽

ဟဲလ်မက်ခေါ် ခေါင်းဆောင်း

背帶

သွားထိန်းများ

校服

ကျောင်းဝတ်စုံ

制服

ယူနီဖောင်းဝတ်စုံ

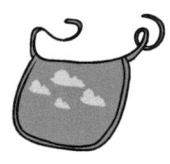

圍兜

သွားရည်ခံ

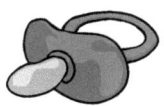

安撫奶嘴

အရုပ်

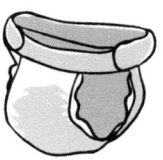

尿布

ကလေးအနှီး

辦公室
ရုံးခန်း

伺服器
ဆာဗာ
檔案櫃
ဖိုင်ထည့်သည့် ဗီရို
印表機
ပရင်တာ
紙
စာရွက်
螢幕
မော်နီတာ
滑鼠
မောက်စ်
辦公桌
စာရေးစားပွဲခုံ
資料夾
စာရွက်ထည့်သည့် ခေါက်ဖိုင်
鍵盤
ကီးဘုတ်
廢紙簍
အမှိုက်စက္ကူပုံး
電腦
ကွန်ပြူတာ
椅子
ထိုင်ခုံ

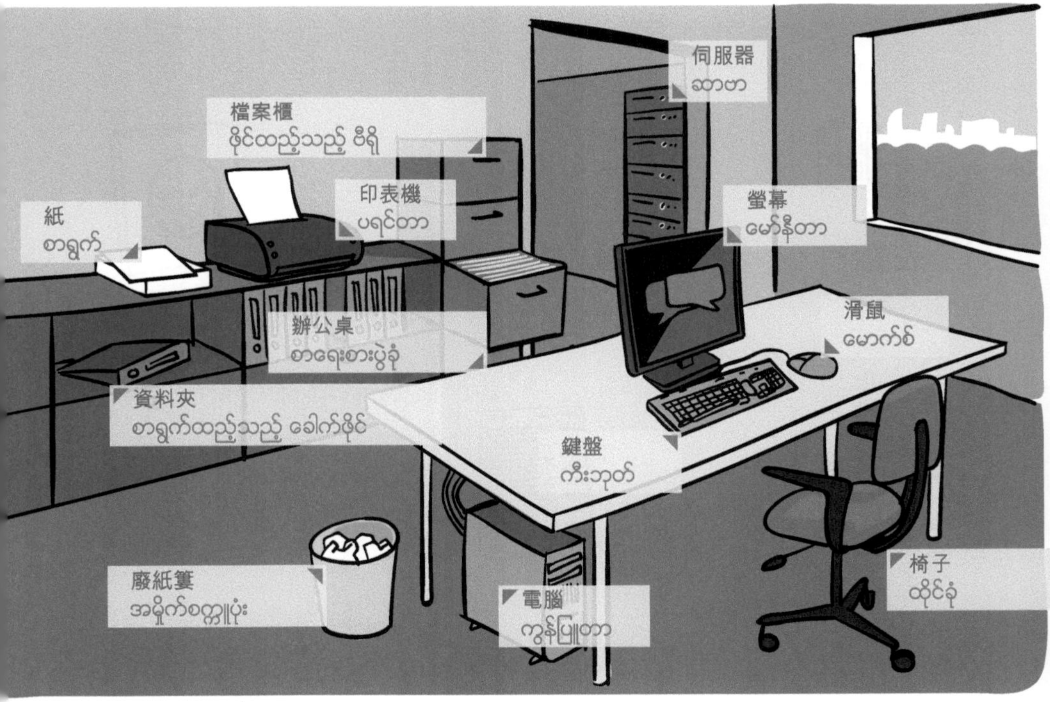

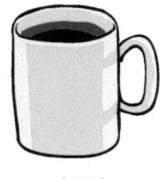

咖啡杯

ကော်ဖီ မတ်ခွက်

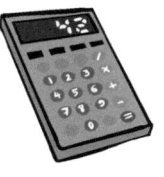

計算機

ဂဏန်းတွက်စက်

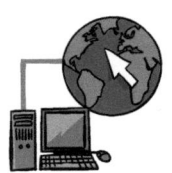

網際網路

အင်တာနက်

筆記型電腦
ပေါင်ပေါ် တင်ရိုက်နိုင်သည့်
ကွန်ပျူတာ

信件
စာ

簡訊
မက်ဆေ့ချ်

行動電話
မိုဘိုင်းဖုန်း

網路
ကွန်ရက်

影印機
မိတ္တူကူးစက်

軟體
ဆော့ဖ်ဝဲရ်

電話
တယ်လီဖုန်း

插座
ပလပ်ပေါက်

傳真機
ဖက်စ်ပို့သည့် စက်

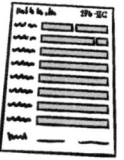

表格
ပုံစံ

檔案
စာရွက်စာတမ်း

買
ဝယ်ယူသည်

付錢
ပေးအပ်သည်

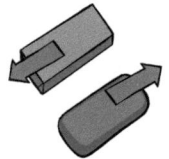

交易
ကုန်သွယ်သည်

現金
ပိုက်ဆံ

美元
ဒေါ်လာ

歐元
ယူရိုငွေ

JPY

日元
ယန်းငွေ

RUB

盧布
ရူဘယ်ငွေ

CHF

瑞士法郎
ဆွစ်ဇာလန်နိုင်ငံသုံးငွေ

CNY

人民幣
ရမ်မင်ဘီ ယွမ်

INR

盧比
ရူပီး

提款處
ငွေချေသည့်နေရာ

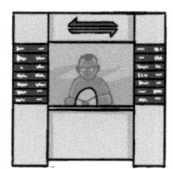

外幣兌換處

ငွေလဲ့ဌာန

金

ရွှေ

銀

ငွေ

石油

ဆီ

能源

စွမ်းအင်

價格

ဈေးနှုန်း

合約

စာချုပ်

稅金

အခွန်

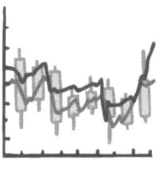

股票

စတော့ဈေးကွက်

工作

အလုပ်လုပ်သည်

職員

ဝန်ထမ်း

老闆

အလုပ်ရှင်

工廠

စက်ရုံ

商店

ဆိုင်

職業
အလုပ်အကိုင်များ

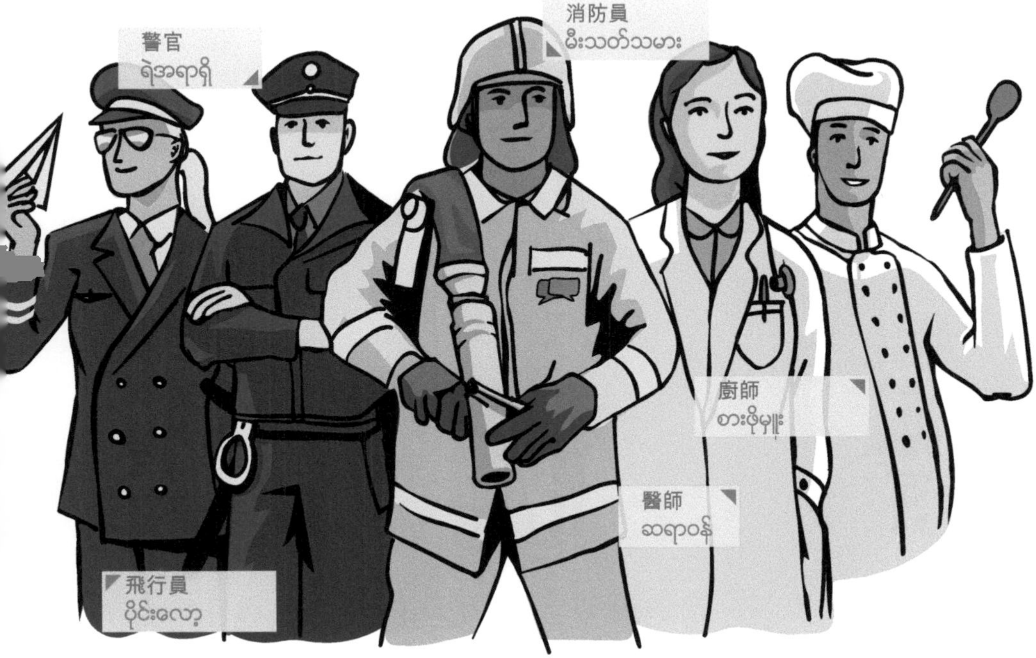

警官
ရဲအရာရှိ
消防員
မီးသတ်သမား
廚師
စားဖိုမှူး
醫師
ဆရာဝန်
飛行員
ပိုင်းလော့

園丁

မာလီ

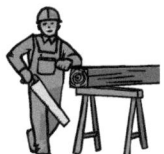

木匠

လက်သမား

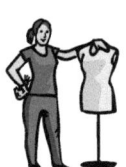

裁縫

စက်ချုပ်သူ

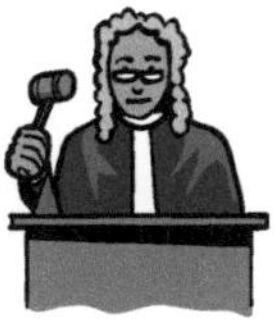

法官

တရားသူကြီး

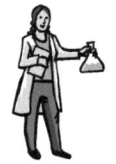

化學家

ဓာတုဗေဒပညာရှင်

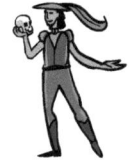

演員

သရုပ်ဆောင်

公車司機

ဘတ်စ်ကားမောင်းသမား

計程車司機

တက်စီမောင်းသူ

漁夫

ငါးဖမ်းသမား

清洗女工

သန့်ရှင်းရေး အလုပ်သမ

屋頂工

အမိုးပြင်သူ

服務生

စားပွဲထိုး

獵人

အမဲလိုက်မုဆိုး

畫家

ဆေးသုတ်သမား သို့မဟုတ်
ပန်းချီဆရာ

麵包師

မုန့်ဖုတ်သမား

電工

လျှပ်စစ်ပညာရှင်

建築工人

ဆောက်လုပ်ရေးသမား

工程師

အင်ဂျင်နီယာ

屠夫

သားသတ်သမား

水管工

ပိုက်ဆက်ဆရာ

郵差

စာပို့သမား

士兵
စစ်သား

建築師
ဗိသုကာပညာရှင်

收銀員
ငွေကိုင်

花農
ပန်းပညာရှင်

理髮師
ဆံပင်အလှပြင်သူ

售票員
လက်မှတ်စစ်

機械技師
စက်ပြင်ဆရာ

船長
ကပ္ပိတန်

牙醫
သွားဘက်ဆိုင်ရာ ဆရာဝန်

科學家
သိပ္ပံပညာရှင်

拉比
ရာဘိုင်

伊瑪目
မွတ်ဆလင် တရားဟောဆရာ

和尚
ဘုန်းကြီး

牧師
တရားဟောဆရာ

工具
ကိရိယာ တန်ဆာပလာများ

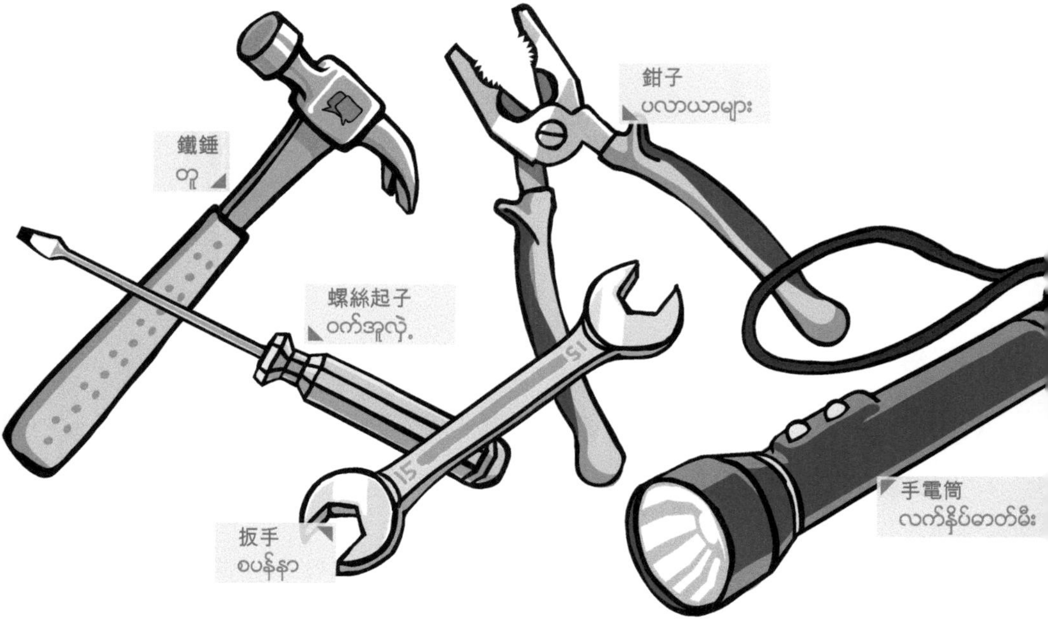

鐵錘
တူ
鉗子
ပလာယာများ
螺絲起子
ဝက်အူလှဲ့
扳手
စပန်နာ
手電筒
လက်နှိပ်ဓာတ်မီး

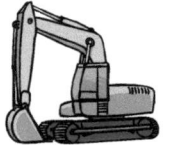

挖掘機

မြေတူးစက်

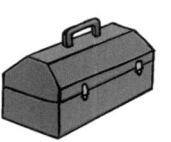

工具箱

လက်သမားသုံးကိရိယာ
သေတ္တာ

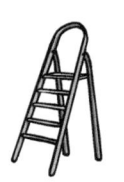

梯子

လှေကား

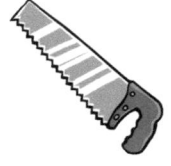

鋸子

လွှ

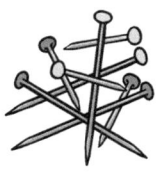

釘子

လက်သည်းများ

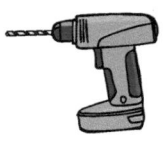

鑽機

အပေါက်ဖောက်စက်

修

ပြင်ဆင်သည်

鏟子

ဂေါ်ပြား

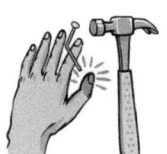

糟糕！

ချိုးတဲ့မှပဲ

畚箕

ဖုန်ကျိုးသည့် ဂေါ်ပြား

油漆桶

ဆေးရောင်အိုး

螺絲

ဝက်အူများ

樂器

ဂီတတူရိယာများ

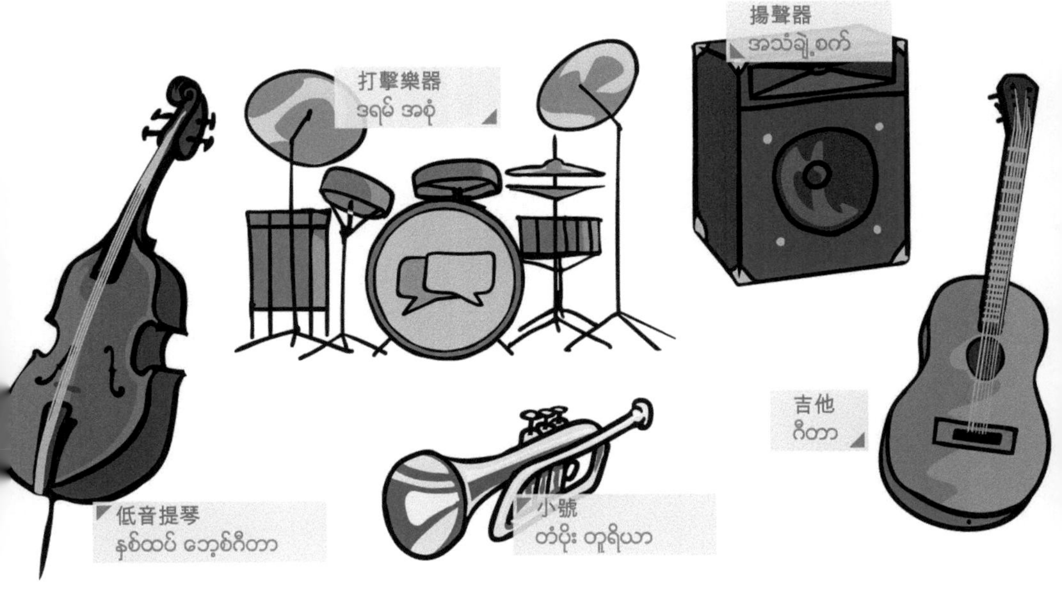

揚聲器
အသံချဲ့စက်

打擊樂器
ဒရမ် အစုံ

低音提琴
နှစ်ထပ် ဘော့စ်ဂီတာ

小號
တံပိုး တူရိယာ

吉他
ဂီတာ

鋼琴

စန္တယား

小提琴

တယော

貝斯

ဘေ့စ်ဂီတာ

定音鼓

နားစည်အမြှေးပါး

鼓

ဒရမ်များ

電子琴

ကီးဘုတ် တူရိယာ

薩克斯風

ဆက်ဆိုဖုန်း ခေါ်
လေမှုတ်တူရိယာ

長笛

ပုလွေ

麥克風

စကားပြောစက်

動物園
တိရိစ္ဆာန်ရုံ

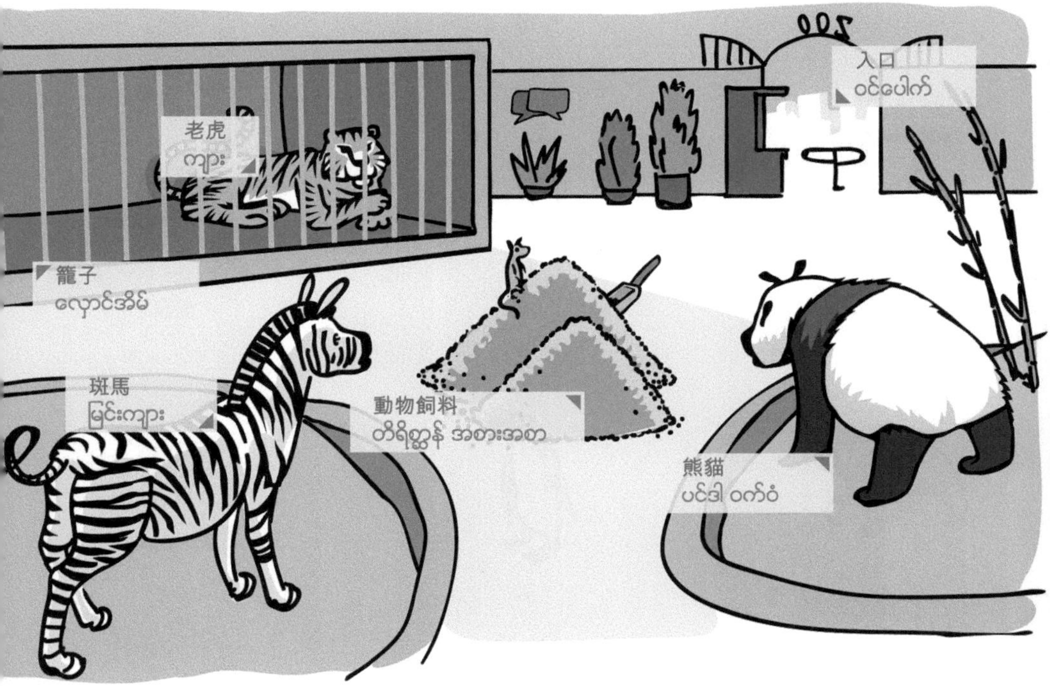

老虎
ကျား
入口
ဝင်ပေါက်
籠子
လှောင်အိမ်
斑馬
မြင်းကျား
動物飼料
တိရိစ္ဆာန် အစားအစာ
熊貓
ပင်ဒါ ဝက်ဝံ

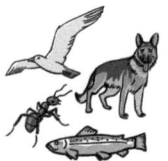

動物

တိရိစ္ဆာန်များ

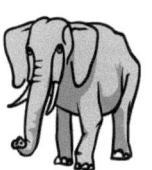

大象

ဆင်

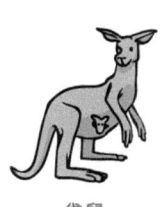

袋鼠

သားပိုက်ကောင်

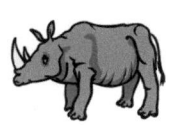

犀牛

ကြံ့

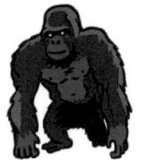

大猩猩

ဂေါ်ရီလာမျောက်

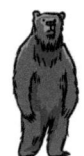

熊

ဝက်ဝံ

駱駝

ကုလားအုတ်

鴕鳥

ငှက်ကုလားအုတ်

獅子

ခြင်္သေ့

猴子

မျောက်

紅鶴

ဖလန်မင်းဂိုးငှက်

鸚鵡

ကြက်တူရွေး

北極熊

ဝိုလာဝက်ဝံ

企鵝

ပင်ဂွင်းငှက်

鯊魚

ငါးမန်း

孔雀

ဥဒေါင်းငှက်

蛇

မြွေ

鱷魚

မိကျောင်း

動物園管理員

တိရိစ္ဆာန်ရုံ ထိန်းသိမ်းသူ

海豹

ဖျံ

美洲豹

ကျားသစ်

矮種馬

ပိုနီမြင်း

豹

ကျားသစ်

河馬

ရေမြင်း

長頸鹿

သစ်ကုလားအုတ်

老鷹

သိန်းငှက်

野豬

တောဝက်

魚

ငါး

龜

လိပ်

海象

ပင်လယ်ဖျံကြီး

狐狸

မြေခွေး

羚羊

ဦးချိုပါ သမင်သို့တစ်မျိုး

橄欖球
အမေရိကန် ဖွဲ့ဘော

騎腳踏車
စက်ဘီးစီးခြင်း

網球
တင်းနစ်ရိုက်ခြင်း

籃球
ဘတ်စကက်ဘော

游泳
ရေကူးခြင်း

拳擊
လက်ဝှေ့

冰球
ရေခဲပြင် ဟော်ကီ

美式足球
ဘောလုံးကန်ခြင်း

羽毛球
ကြက်တောင်ရိုက်ခြင်း

田徑
ကိုယ်လက်လှုပ်ရှား
အားကစားများ

手球
ဟန်းဒ်ဘော ခေါ် လက်ပစ်ဘော

滑雪
နှင်းလျှောစီးခြင်း

馬球
ပိုလို

活動
လှုပ်ရှားမှုများ

笑
ရယ်မောသည်
跳
ခုန်သည်
擁抱
ပွေ့ဖက်သည်
走路
လမ်းလျှောက်သည်
唱
သီချင်းဆိုသည်
做夢
အိပ်မက်သည်
祈禱
ဆုတောင်းသည်
親吻
နမ်းရှုပ်သည်

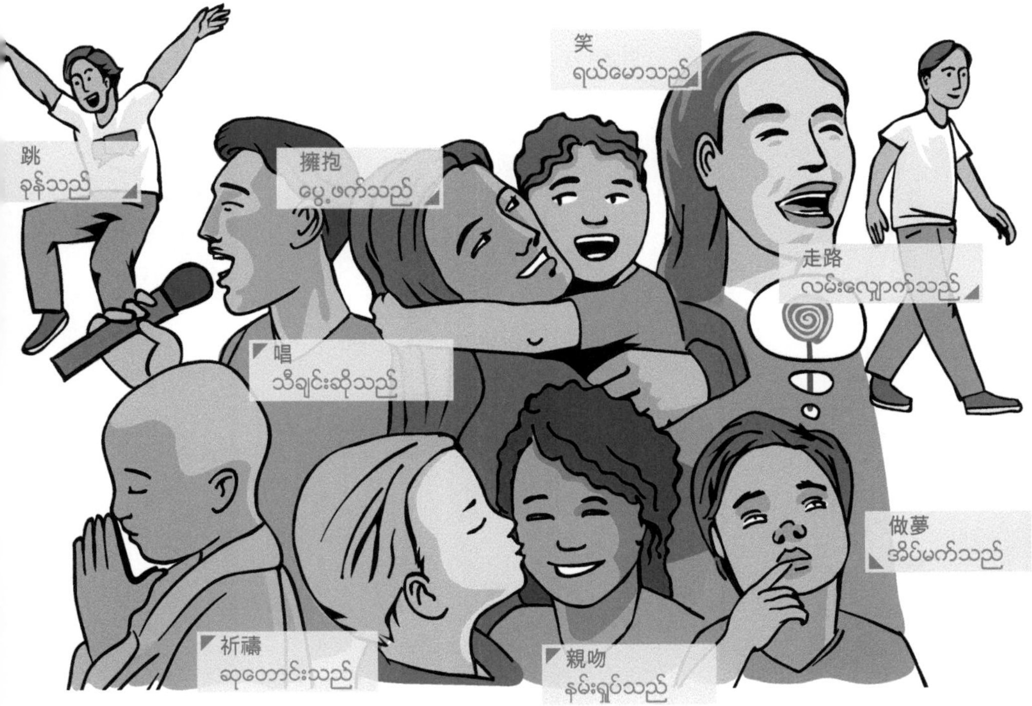

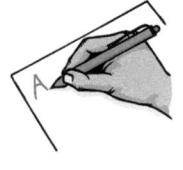

書寫
စာရေးသည်

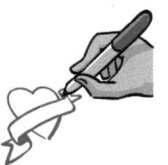

畫
ရေးဆွဲသည်

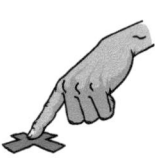

展示
ပြသသည်

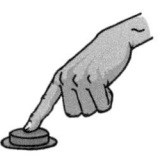

推
တွန်းသည်

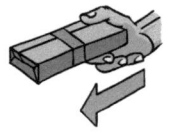

給
ပေးသည်

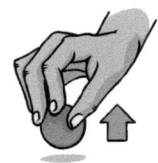

拿
ယူသည်

有

ရှိသည်

做

ပြုလုပ်သည်

當

ဖြစ်သည်

站

မတ်တပ်ရပ်သည်

跑

ပြေးသည်

拉

ဆွဲသည်

丟

ပစ်သည်

摔倒

လဲကျသည်

躺

လိမ်လည်သည်

等待

စောင့်ဆိုင်းသည်

攜帶

သယ်ဆောင်သည်

坐

ထိုင်သည်

穿衣

အဝတ်အစားဝတ်သည်

睡覺

အိပ်သည်

醒來

အိပ်ယာမှ ထသည်

看
တစ်ခုခုကို ကြည့်ရှုသည်

哭
ငိုသည်

擊
ပွတ်သပ်သည်

梳頭
ဘီးဖီးသည်

交談
စကားပြောသည်

明白
နားလည်သည်

問
မေးသည်

聽
နားထောင်သည်

喝
သောက်သည်

吃
စားသည်

清理
သပ်ရပ်အောင်လုပ်သည်

愛
ချစ်သည်

做飯
ချက်ပြုတ်သည်

開車
မောင်းသည်

飛
ပျံသန်းသည်

航行

ရွက်လွှင့်သည်

計算

တွက်ပါ

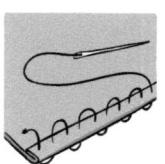

讀

ဖတ်သည်

學習

သင်ယူသည်

工作

အလုပ်လုပ်သည်

結婚

လက်ထပ်သည်

縫

အပ်ချုပ်သည်

刷牙

သွားတိုက်သည်

殺

သတ်သည်

抽菸

ဆေးလိပ်သောက်သည်

寄

ပို့သည်

祖母
အဖွား

祖父
အဖိုး

父親
ဖခင်

母親
မိခင်

嬰兒
ကလေး

女兒
သမီး

兒子
သား

客人

ညဉ့်သည်

阿姨

အဒေါ်

叔叔

ဦးလေး

兄弟

အစ်ကို

姐妹

အစ်မ

身體
ကိုယ်ခန္ဓာ

前額
နဖူး
眼睛
မျက်လုံး
肩膀
ပုခုံး
手指
လက်ချောင်း
臉
မျက်နှာ
下巴
မေးစေ့
手
လက်
腿
ခြေသလုံး
乳房
ရင်သား
手臂
လက်မောင်း

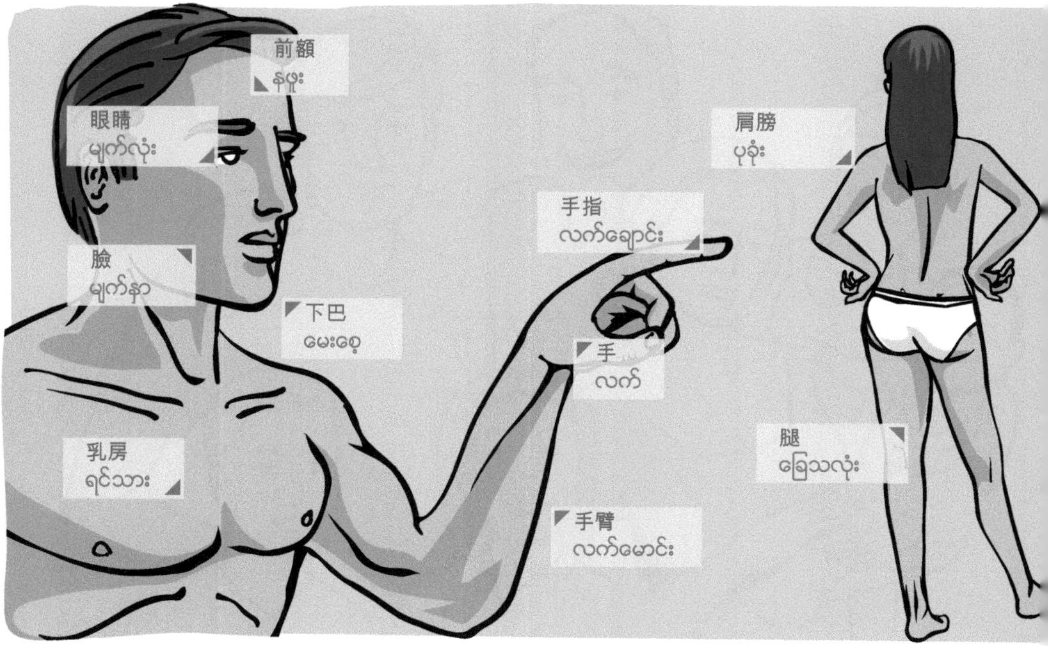

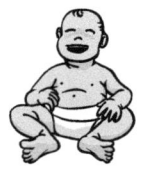

嬰兒
ကလေး

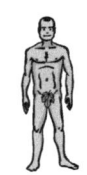

男人
ယောကျ်ားကြီး

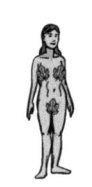

女人
အမျိုးသမီးကြီး

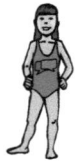

女孩
မိန်းကလေး

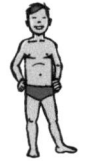

男孩
ယောကျ်ားလေး

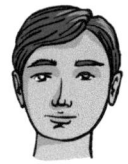

頭
ဦးခေါင်း

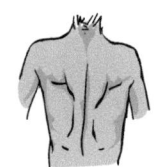

背部
နောက်ကျော

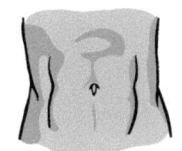

肚子
ဗိုက်

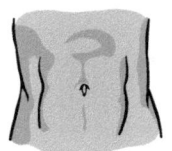

肚臍
ချက်

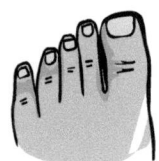

腳趾
ခြေချောင်း

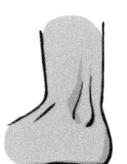

腳後跟
ဖနောင့်

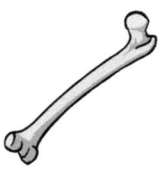

骨頭
အရိုး

臀部
တင်ရိုး

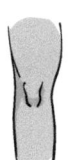

膝蓋
ဒူးခေါင်း

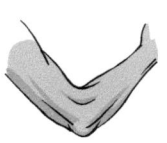

手肘
တံတောင်ဆစ်

鼻子
နှာခေါင်း

屁股
တင်ပါး

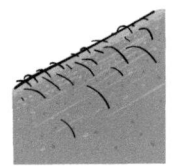

皮膚
အရေပြား

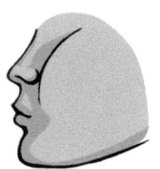

臉頰
ပါးပြင်

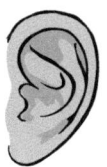

耳朵
နား

嘴唇
နှုတ်ခမ်း

嘴
....
ပါးစပ်

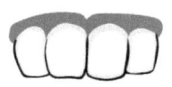

牙齒
....
သွား

舌頭
....
လျှာ

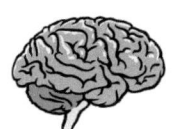

腦
....
ဦးနှောက်

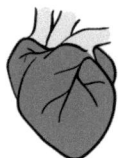

心臟
....
နှလုံး

肌肉
....
ကြွက်သား

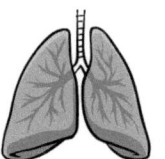

肺
....
အဆုတ်

肝臟
....
အသည်း

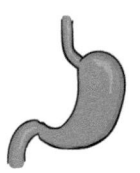

胃
....
အစာအိမ်

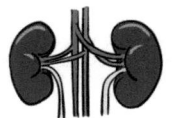

腎臟
....
ကျောက်ကပ်များ

性交
....
လိင်

保險套
....
ကွန်ဒုံး

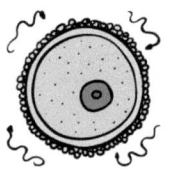

卵子
....
သားဥ

精子
....
သုတ်ရည်

懷孕
....
ကိုယ်ဝန်

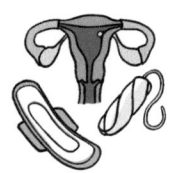

月事
ဓမ္မတာလာခြင်း

陰道
မိန်းမကိုယ်

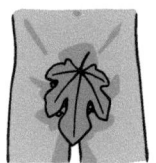

陰莖
လိင်တံ

眉毛
မျက်ခုံး

頭髮
ဆံပင်

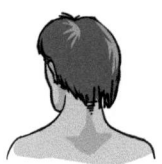

脖子
လည်ပင်း

醫院
ဆေးရုံ

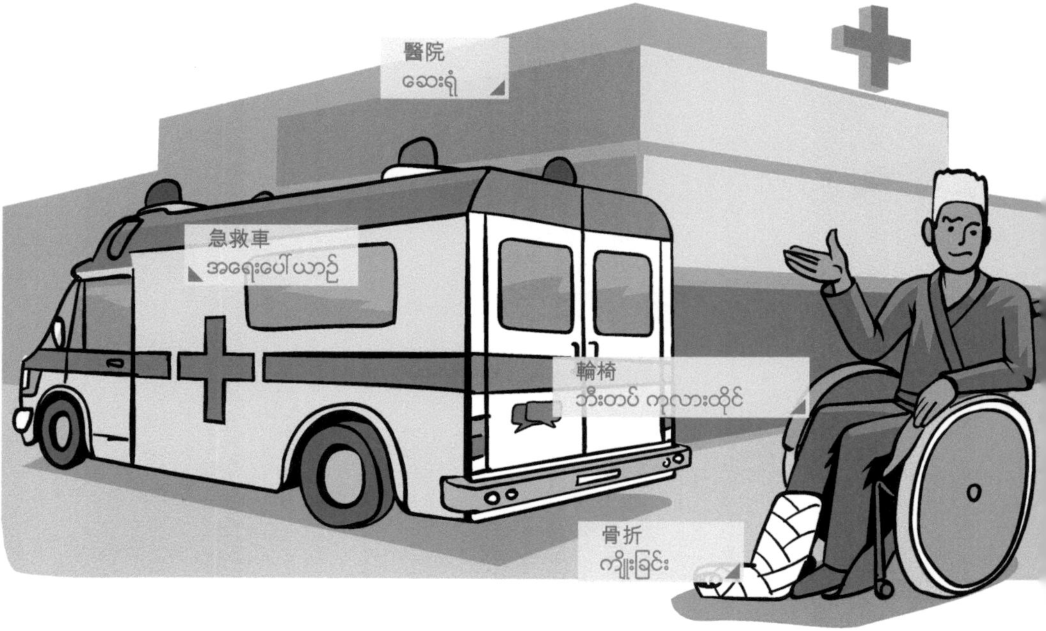

醫院
ဆေးရုံ
急救車
အရေးပေါ်ယာဉ်
輪椅
ဘီးတပ် ကုလားထိုင်
骨折
ကျိုးခြင်း

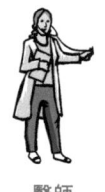

醫師

ဆရာဝန်

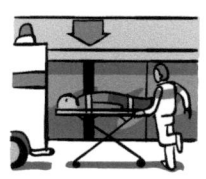

急診室

အရေးပေါ် ဆေးကုသခန်း

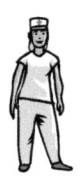

護理師

သူနာပြု

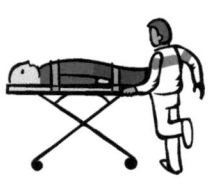

緊急情形

အရေးပေါ်

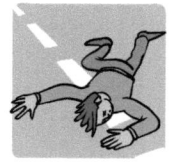

昏迷

သတိလစ်ခြင်း

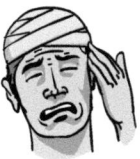

痛

နာခြင်း

受傷
ဒဏ်ရာ

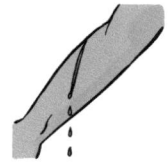

出血
သွေးယိုထွက်ခြင်း

心臟病發作
နှလုံးရပ်ခြင်း

中風
လေဖြတ်ခြင်း

過敏
ဓာတ်မတည့်ခြင်း

咳嗽
ချောင်းဆိုးခြင်း

發燒
အဖျား

流感
တုတ်ကွေးရောဂါ

腹瀉
ဝမ်းပျက်ဝမ်းလျှောခြင်း

頭痛
ခေါင်းကိုက်ခြင်း

癌症
ကင်ဆာရောဂါ

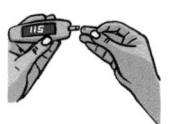

糖尿病
ဆီးချိုရောဂါ

外科醫師
ခွဲစိတ်ဆရာဝန်

手術刀
ခွဲစိတ်ခန်းသုံးဓါးပါး

手術
ခွဲစိတ်ခြင်း

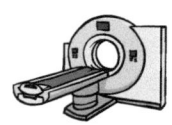

電腦斷層掃描
......
စီတီ

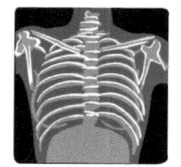

X光
......
ဓာတ်မှန်

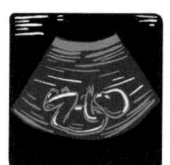

超音波
......
အာထရာဆောင်း

口罩
......
မျက်နှာဖုံး

疾病
......
ရောဂါ

候診室
......
စောင့်ဆိုင်းရန် အခန်း

拐杖
......
ချိုင်းထောက်

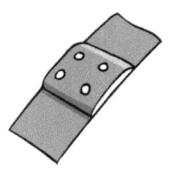

石膏
......
ပလာစတာ

繃帶
......
ပတ်တီး

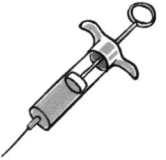

注射
......
ထိုးဆေး

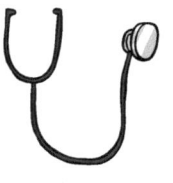

聽診器
......
နားကြပ်

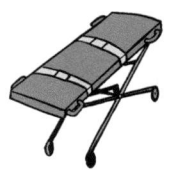

擔架
......
လူနာတင်ထမ်းစင်

體溫計
......
ကုသရေးပိုင်းသုံး
အပူချိန်တိုင်းသာမိုမီတာ

出生
......
မွေးဖွားခြင်း

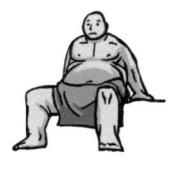

超重
......
အဝလွန်ခြင်း

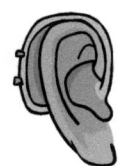

助聽器

နားကြားကိရိယာ

消毒液

ပိုးသတ်ဆေး

感染

ရောဂါကူးစက်ခြင်း

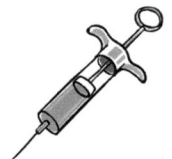

病毒

ဗိုင်းရပ်စ်ပိုး

愛滋病

အိတ်ချ်အိုင်ဗွီ /
အေအိုင်ဒီအက်စ်

藥物

ဆေးဝါး

接種疫苗

ကာကွယ်ဆေးထိုးခြင်း

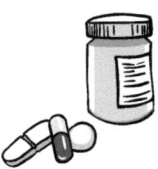

藥片

ဆေးလုံးများ

藥丸

ဆေးလုံး

急救電話

အရေးပေါ် ဖုန်းခေါ် ဆိုမှု

血壓計

သွေးဖိအား စောင့်ကြည့်သည့်
ကိရိယာ

生病/健康

နာမကျန်းသော / ကျန်းမာသော

救命！

ကူညီကြပါ။

警報

အရေးပေါ် ခေါင်းလောင်း

突擊

ရိုက်နက်သည်

攻擊

တိုက်ခိုက်သည်

危險

အန္တရာယ်

緊急出口

အရေးပေါ်ထွက်ပေါက်

失火了！

မီး။

滅火器

မီးသတ်ပုံး

意外

မတော်တဆဖြစ်ရပ်

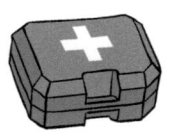

急救箱

ကြက်ခြေနီ ဆေးပုံး

呼救訊號

အက်စ်အိုအက်စ်

員警

ရဲ

歐洲

ဥရောပတိုက်

北美洲

မြောက်အမေရိကတိုက်

南美洲

တောင်အမေရိကတိုက်

非洲

အာဖရိကတိုက်

亞洲

အာရှတိုက်

澳洲

ဩစတြေးလျတိုက်

大西洋

အတ္တလန္တိတ် သမုဒ္ဒရာ

太平洋

ပစိဖိတ် သမုဒ္ဒရာ

印度洋

အိန္ဒိယ သမုဒ္ဒရာ

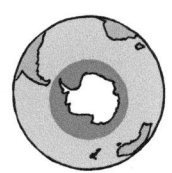

南冰洋

အန္တာတိတ် သမုဒ္ဒရာ

北冰洋

အာတိတ် သမုဒ္ဒရာ

北極

မြောက်ဝင်ရိုးစွန်း

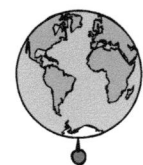

南極

 တောင်ဝင်ရိုးစွန်း

南極洲

အန္တာတိကတိုက်

地球

ကမ္ဘာမြေကြီး

陸地

ကုန်းမြေ

海

ပင်လယ်

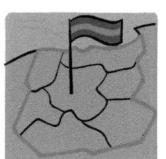

島

ကျွန်း

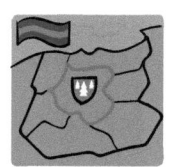

國家

နိုင်ငံကူးလက်မှတ်

州

ပြည်နယ်

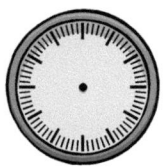

錶盤

နာရီမျက်နှာပြင်

時針

နာရီလက်တံ

分針

မိနစ်လက်တံ

秒針

ဒုတိယလက်တံ

現在幾點？

ဘယ်အချိန်ရှိပြီလဲ။

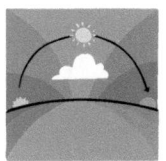

天

ရက်

時間

အချိန်

現在

ယခု

電子錶

ဒစ်ဂျစ်တယ် လက်ပတ်နာရီ

分

မိနစ်

時

နာရီ

週
ရက်သတ္တပတ်

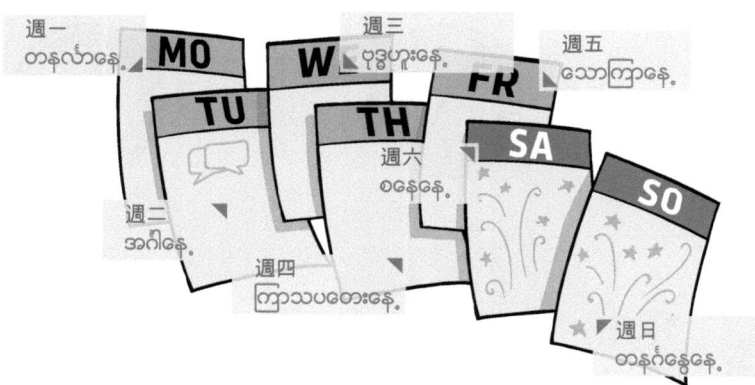

週一 တနင်္လာနေ့
週二 အင်္ဂါနေ့
週三 ဗုဒ္ဓဟူးနေ့
週四 ကြာသပတေးနေ့
週五 သောကြာနေ့
週六 စနေနေ့
週日 တနင်္ဂနွေနေ့

昨天
မနေ့က

今天
ယနေ့

明天
မနက်ဖြန်

早晨
မနက်

中午
နေ့လည်

晚上
ညနေ

工作日
အလုပ်လုပ်ရက်များ

週末
စနေ တနင်္ဂနွေ အားလပ်ရက်

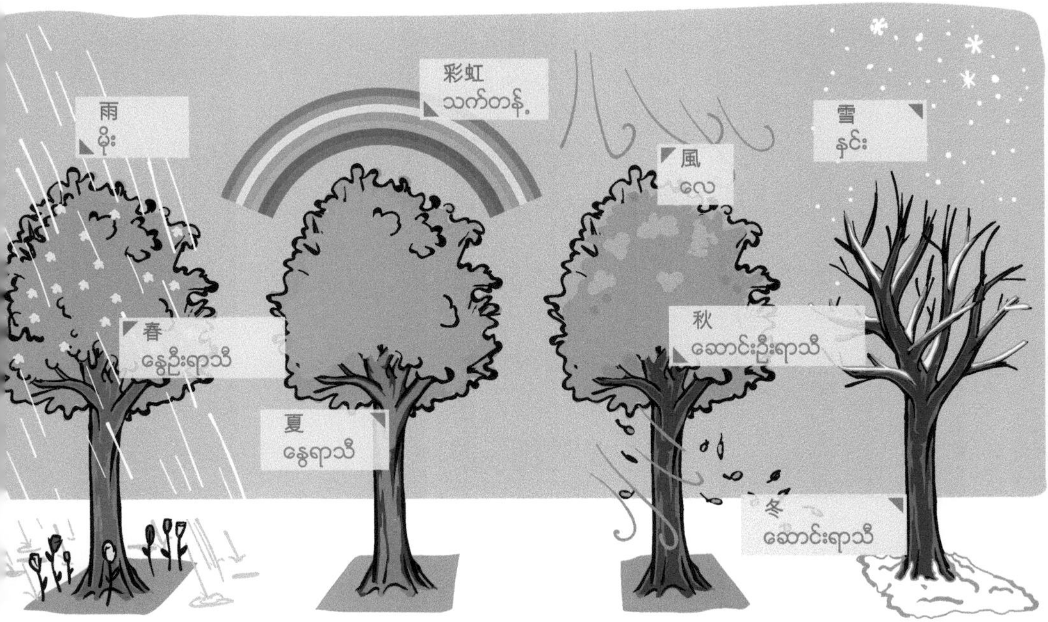

彩虹
သက်တန့်

雨
မိုး

風
လေ

雪
နှင်း

春
နွေဦးရာသီ

秋
ဆောင်းဦးရာသီ

夏
နွေရာသီ

冬
ဆောင်းရာသီ

天氣預告
လေဝသ ကြိုတင်ခန့်မှန်းချက်

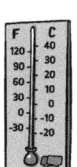

溫度計
အပူချိန်တိုင်း ကိရိယာ

陽光
နေရောင်ခြည်

雲
တိမ်

霧
မြူ

潮濕
စိုထိုင်းဆ

閃電

လျှပ်စီးလက်ခြင်း

打雷

မိုးကြိုး

風暴

မုန်တိုင်း

冰雹

မိုးသီး

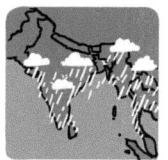

季風

မိုးရာသီ

洪水

ရေကြီးခြင်း

冰

ရေခဲ

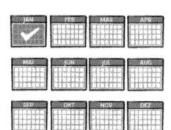

一月

ဇန်နဝါရီလ

二月

ဖေဖော်ဝါရီလ

三月

မတ်လ

四月

ဧပြီလ

五月

မေလ

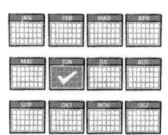

六月

ဇွန်လ

七月

ဇူလိုင်လ

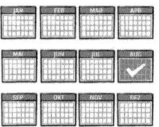

八月

သြဂုတ်လ

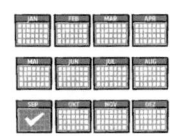

九月

စက်တင်ဘာလ

十月

အောက်တိုဘာလ

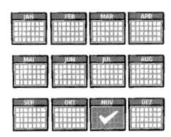

十一月

နိုဝင်ဘာလ

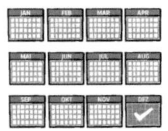

十二月

ဒီဇင်ဘာလ

形狀
ပုံစံများ

圓形

စက်ဝိုင်း

正方形

စတုရန်း

長方形

ထောင့်မှန်စတုဂံ

三角形

တြိဂံ

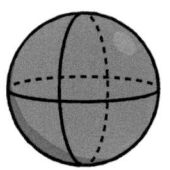

球體

စက်ဝန်း

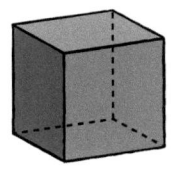

立方體

အတုံး

白
အဖြူရောင်

黄
အဝါရောင်

橙
လိမ္မော်ရောင်

粉
ပန်းရောင်

紅
အနီရောင်

紫
ခရမ်းရောင်

藍
အပြာရောင်

緑
အစိမ်းရောင်

棕
အညိုရောင်

灰
မီးခိုးရောင်

黑
အနက်ရောင်

很多/少許

အများအပြား / အနည်းငယ်

生氣/平靜

စိတ်ဆိုးသော /
စိတ်တည်ငြိမ်သော

美/醜

လှပသော / ရုပ်ဆိုးသော

首/尾

အစ / အဆုံး

大/小

အကြီးသော / အငယ်

明/暗

တောက်ပသော / မှောင်မဲသော

兄弟/姐妹

ညီအစ်ကို / ညီအစ်မ

乾淨/骯髒

သန့်ရှင်းသော / ညစ်ပတ်သော

完整/缺失

ပြည့်စုံသော / မပြည့်စုံသော

白天/晚上

နေ့ / ည

死/生

သေသော / ရှင်သော

寬/窄

ကျယ်သော / ကျဉ်းသော

可食用/非食用

စားသုံးနိုင်သော /
မစားသုံးနိုင်သော

邪惡/善良

စိတ်ယုတ်သော / ကြင်နာသော

興奮/無聊

စိတ်လှုပ်ရှားဖွယ် / ပျင်းရိဖွယ်

胖/瘦

ဝသော / ပိန်သော

第一/最後

ပထမ / နောက်ဆုံးပိတ်

朋友/敵人

မိတ်ဆွေ / ရန်သူ

滿/空

အပြည့် / ဘာမှမရှိ

硬/軟

မာသော / ပျော့သော

重/輕

လေးလံသော / ပေါ့ပါးသော

餓/渴

ဝမ်းဆာလောင်သော / ရေဆာသော

生病/健康

နာမကျန်းသော / ကျန်းမာသော

非法/合法

တရားမဝင်သော /
တရားဝင်သော

聰明/愚笨

ဉာဏ်ကောင်းသော /
ထိုင်းသော

左/右

ဘယ် / ညာ

近/遠

နီးသော / ဝေးသော

新/舊

အသစ် / အသုံးပြုပြီးသား

沒有/有些

ဘာမှမရှိ / တစ်ခုခု

老/幼

အသက်ကြီးသော /
ငယ်ရွယ်သော

開/關

ဖွင့်သော / ပိတ်သော

打開/闔上

ဖွင့်သော / ပိတ်သော

安靜/吵鬧

တိတ်ဆိတ် / ကျယ်လောင်

富/窮

ချမ်းသာ / ဆင်းရဲ

對/錯

အမှန် / အမှား

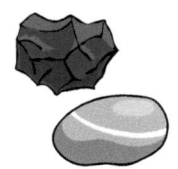

粗糙/光滑

ကြမ်းတမ်း / ချောမွေ့

傷心/高興

ဝမ်းနည်း / ဝမ်းသာ

短/長

အတို / အရှည်

慢/快

အနေး / အမြန်

濕/乾

ုတ်သော / ခြောက်သွေ့သော

溫暖/涼爽

နွေးထွေးသော / အေးမြသော

戰爭/和平

စစ် / ငြိမ်းချမ်းရေး

0

零

သုည

1

一

တစ်

2

二

နှစ်

3

三

သုံး

4

四

လေး

5

五

ငါး

6

六

ခြောက်

7

七

ခုနစ်

8

八

ရှစ်

9

九

ကိုး

10

十

တစ်ဆယ်

11

十一

ဆယ့်တစ်

12
十二
ဆယ့်နှစ်

13
十三
ဆယ့်သုံး

14
十四
ဆယ့်လေး

15
十五
ဆယ့်ငါး

16
十六
ဆယ့်ခြောက်

17
十七
ဆယ့်ခုနစ်

18
十八
ဆယ့်ရှစ်

19
十九
ဆယ့်ကိုး

20
二十
နှစ်ဆယ်

100
百
ရာ

1.000
千
ထောင်

1.000.000
百萬
မီလျံ

英語

အင်္ဂလိပ် ဘာသာစကား

美式英語

အမေရိကန် အင်္ဂလိပ်
ဘာသာစကား

普通話

တရုတ် မန်ဒရင်း ဘာသာစကား

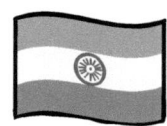

印地語

ဟိန္ဒူ ဘာသာစကား

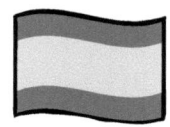

西班牙語

စပိန် ဘာသာစကား

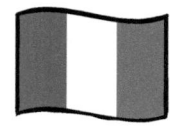

法語

ပြင်သစ် ဘာသာစကား

阿拉伯語

အာရဗီ ဘာသာစကား

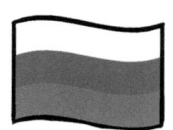

俄語

ရုရှ ဘာသာစကား

葡萄牙語

ပေါ်တူဂီ ဘာသာစကား

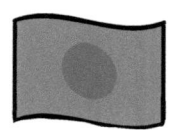

孟加拉語

ဘင်္ဂါလီ ဘာသာစကား

德語

ဂျာမန် ဘာသာစကား

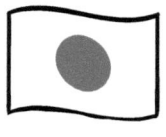

日語

ဂျပန် ဘာသာစကား

我

ကျွန်ုပ်

你

သင်

他/她/它

သူ / သူမ / ၎င်း

我們

ကျွန်ုပ်တို့

你們

သင်တို့

他們

သူတို့

誰？

ဘယ်သူလဲ။

什麼？

ဘာလဲ။

如何？

ဘယ်လိုလဲ။

何處？

ဘယ်နေရာလဲ။

何時？

ဘယ်အချိန်လဲ။

名字

အမည်

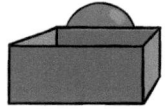

後面

အနောက်ဖက်

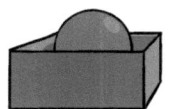

裡面

အတွင်း

前面

အရှေ့ဖက်

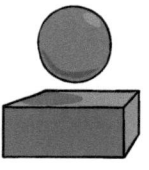

上方

အထက်ဖက်

上面

အပေါ်ဖက်

下麵

အောက်ဖက်

旁邊

ဘေးဖက်

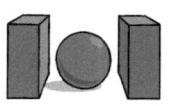

中間

ကြား

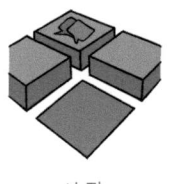

地點

နေရာ